물고기 이름의 문화사

이 저서는 2018년 대한민국 교육부와 한국연구재단의 지원을 받아 수행된 연구임
(NRF-2018S1A6A3A02043693)

경성대학교 한국한자연구소 학술총서 ❷

물고기 이름의 문화사

곽현숙 지음

역락

머리말

　이 연구는 경성대학교 한국한자연구소 인문한국(HK+) 한자문명연구사업단의 아젠다 '한자와 동아시아 문명 연구'의 한 부분으로 '언어문화' 측면에서 진행된 것이다.

　책의 구성은 총 세 부분으로 제1부 '나의 이름은'에서는 이름이 갖는 의미와 물고기 이름이 어디에서부터 시작되었고 명명되는 이름이 왜 다양한지 소개를 하고 있다. 제2부 '물고기, 魚'에서는 사계절을 대표하는 물고기를 선별하여 각 물고기 이름의 어원 및 유래, 한국을 비롯한 중국과 일본에서 부르는 다양한 물고기 이름 소개, 그리고 각 물고기 이름이 갖는 문화적 의미에 대한 설명을 하고 있다. 제3부 '만나서 반가워'에서는 한·중·일 삼국에서 물고기 이름이 가진 문화사적 의미를 담고 있다.

　필자는 어렸을 때부터 한자에 유독 관심이 많았다. 특히 한자로 이루어진 물명(物名)을 보면 '왜?'라는 의문을 가졌고, 그 의문의 끝은 항상 한자의 의미와 문화가 마주하고 있었다. 이 책 또한 물명(物名) 연구의 한 분야로 '물고기 이름'에 관한 연구이다.

물고기 이름에 관심을 가지기 시작한 것은 명절 때마다 엄마가 찾던 '빨간 고기'에서 비롯된다. 지금은 '빨간 고기'라고 하면 '불볼락(열기)', '살살치(솔치우럭)', '홍감펭' 등 붉은색을 지닌 물고기를 통칭하는 이름으로 사용하나 당시 경남 지역에서는 특정 물고기를 가리켜 '빨간 고기'라고 불렀다. 빨간 고기는 어시장에서 '금태'로 통할 만큼 고급 생선으로 관혼상제(冠婚喪祭)에 올렸던 빨간 고기의 정식 명칭은 '눈볼대'이다. 눈볼대의 주요 산지가 경상도인 만큼 경남 지역에서는 '빨간 고기'라 하면 '눈볼대'에 한정하여 부르는 이름으로 사용한다.

물고기의 한자 이름에 관심을 가지기 시작한 것은 2008년 석사 과정 때 부산의 한 복국 식당에 걸려 있는 복어에 대한 『동의보감(東醫寶鑑)』 설명에 나와 있는 '하돈(河豚)'의 명칭에서 비롯된다. 하돈(河豚)을 풀이하면 '물(河)에 사는 돼지(豚)'로 그 이름이 복어의 형상과 어찌나 들어맞는지 한자의 신비로움에 또 한 번 찬사를 보냈다. 이렇게 물고기 이름에 사용된 한자의 의미가 궁금해서 살펴본 것이 저마다 달리 불리는 물고기 이름의 정확한 의미, 그 이름 속에 담겨진 의미와 상징성, 나아가 다른 언어권의 차이 등까지 관심을 가지게 되었다.

오랜 관심이었지만 늘 현실에 쫓겨 시작하지 못했고, 핑계처럼 들리겠지만 집필을 시작한 지금도 연구 기간이 충분하지 못해 관련 자료를 모으거나 좀 더 치밀한 분석 작업을 하기에는 시간과 연구자의 능력에도 한계가 있었다. 그럼에도 불구하고 이렇게 용기를 내어 책을 출판하는 것은 앞으로 계속될 물명(物名) 연구의 화수분이 되길 바라는 간절한 바람이 있었기 때문이다. 이번 연구에서 다 담지 못한 다양한 물고기 이름에 대한 어원 및 유래, 한자문화권에 속하는 한·중·일 물고기 이름 비교, 그리고 서구권 물고기 이름 명명 방식과 문화적 의의 등에 대한 작업도 계속 진행할 예정이다.

사업단의 총서로 출간할 수 있도록 기회를 주신 한국한자연구소 하영삼 소장님과 아낌없이 격려를 해주셨던 ㈜연규동 선생님, 총서를 적을 수 있도록 많은 내조와 배려를 해준 신랑과 가족들에게도 감사의 말씀을 전한다.

2022년, 벚꽃 날

곽현숙

차례

머리말 · 4

제1부
나의 이름은 ─────

1장   **나의 이름은 무엇인가?** · 13

2장   **나의 이름은 어디에서 시작되었을까?** · 21
         1. 한국 물고기 관련 문헌자료 개관 · 23
         2. 중국 물고기 관련 문헌자료 개관 · 28
         3. 일본 물고기 관련 문헌자료 개관 · 32

3장   **나의 이름은 왜 다양할까?** · 37
         1. 물고기 이름의 시대적 성격 · 39
         2. 물고기 이름의 종류와 분류 체계 · 42

제 2 부
물고기야 ————

1장	**봄[春]**	· 63
	1. 조기(助氣)	· 65
	2. 멸치(滅致)	· 85
2장	**여름[夏]**	· 105
	1. 우럭(鬱抑)	· 107
	2. 복어(鮏魨)	· 121
3장	**가을[秋]**	· 149
	1. 전어(錢魚)	· 151
	2. 고등어(古登魚·高登魚)	· 171
4장	**겨울[冬]**	· 185
	1. 꽁치(矼鰳)	· 187
	2. 명태(明太)	· 206

제 3 부
만나서 반가워 ————

1장   **나의 이름이 갖는 의미**   · 233

　　　　 1. 물고기 이름의 표기법   · 235

　　　　 2. 인식에 따른 물고기 이름의 상징성   · 248

2장   **너의 이름이 갖는 의미**   · 255

　　　　 1. 본명(本名)이 갖는 의미   · 258

　　　　 2. 이명(異名)을 통한 의미화 시도   · 261

　　　　 3. 지역을 강조한 의미화   · 263

3장   **우리의 이름이 갖는 의미**   · 267

참고문헌   · 278

제1부

나의 이름은

1장

나의 이름은 무엇인가?

　　이름은 인간이 어떤 대상을 다른 것과 구별하고자 사
람, 사물, 현상 등에 붙여 한 단어로 대표하게 하는 말이다. '이
름'은 순우리말로 '이름을 짓다'라는 의미인 고어 '잃다'의 명사
형에서 나왔는데, 일반적으로 사람의 이름은 '성명(姓名)'이라고
하고 법인의 이름은 '명칭(名稱)'이라고 하며 법률의 이름은 '제
명(題名)'이라고 한다.[1]

　　우리는 사람의 이름을 짓기 위해 어떤 이는 가족 중 가장 어른
에게 부탁하기도 하고 어떤 이는 오랜 스승이나 관계가 특별한 지
인에게 부탁하기도 하며 어떤 이는 작명가의 도움을 받기도 한다.
그 이유는 처음 짓는 이름이 한 사람에게 있어서 앞으로의 인생에
얼마나 중요하고 큰 영향을 미칠 것인지 알고 있기 때문이다.[2]

　　이름은 비단 사람뿐 아니라 다른 생물 더 나아가 생명이 없는
사물에도 우린 이름을 붙이고 또 부른다. 성서에 쓰인 창세의 내
용처럼 최초의 인류인 아담이 그의 눈앞에 처음 나타난 생물들

1　https://namu.wiki

2　오늘날 사람들에게 이름은 정체성을 부여해주는 중요한 요소 중의 하
　　나로 흔히 말하는 좋은 이름을 가지고 있는 사람의 경우 이름이 사회
　　생활에 있어 긍정적인 영향을 끼치는 건 어느 정도 사실이다. 특히 연
　　예인 같은 경우는 이름에 따라서 자신의 인기가 갈리는 경우도 있어
　　대개 예명(藝名)을 짓기도 한다.

을 두고서 가장 먼저 한 일이 '이름을 붙여주는 것'이었고, 옛 개척자나 정복자들은 처음 발견하고 정복한 곳의 지명을 그들 각자의 뜻을 기념하는 목적으로 이름을 지어 붙였다. 이처럼 이름은 우리 인간에게 있어 문자 그 이상의 의미를 갖는다.

어떤 생물과 사물에 이름을 부여하는 주된 목적은 그것들을 구별하기 위한 것으로 각 생물과 사물이 지니는 여러 가지 특성 중 서로 구별되는 차이를 식별해 주는 구체적이고 대표적인 특성을 바탕으로 이름이 붙여진다. 생물학자들은 각 생물의 이름을 짓는 방식을 하나의 통일된 규칙으로 약속하고 그 규칙에 따라 이름을 붙이기로 하는데 그것이 바로 '학명(學名)'이다.[3] 학명(學名)은 18세기 스웨덴의 의사이자 박물학자인 린네(Carl Linnaeus)가 그 틀을 완성하였는데 1758년에 확립한 '이명법(binomial nomenclature)'[4]을 기반으로 학명(學名)을 처음 사용하여 물고기를 비롯한 동물의 분류를 체계화하였다.[5]

---

3 어떤 목적을 갖고서 그걸 연구하는 이들에게나 새로운 발견을 공표하는 이들에겐 '저마다 다른 이름'이 아닌 '하나의 통일된 이름'이 필요하다.

4 이명법은 생물학적 분류 단계 중 마지막 두 단계에 해당하는 속(genus) 과 종(specied)에 이름을 붙임으로써 생물 하나하나의 종류를 구분하는 방법이다.

5 예를 들어 곱상어의 학명을 보면 'Squalus acanthias Linnaeus'이다. 여

학명(學名)이 모든 생물에 붙여진 세계 공통의 수단이라면 각
나라마다 생물 하나하나에 붙여진 이름들이 있는데 이것을 '국
명(國名)'이라고 한다. 국명(國名)은 다른 나라에서 이미 밝혀진
바 있지만 우리나라에서 처음 밝혀진 종은 '한국 미기록종'이라
고 하고, 한국 미기록종에 대해서는 우리의 국명이 붙여져야 한
다.[6] 특히 국명은 함부로 바꿀 수가 없기 때문에 여러 지방의 방
언을 검토하여 많은 사람이 사용하고 있는 이름을 표준어로 하
는 것이 좋다. 물론 사람들에 의해 제각기 다르게 지어질 수도 있
고 또 불릴 수도 있지만 어떤 목적을 가지고 그것을 연구하는 사

기서 'Squalus'는 '속명'이고 'acanthias'는 '종명'이며, 'Linnaeus'는 '린네'
를 말한다. 즉, 속명과 종명을 함께 표시한 것을 이명법이라고 하며 이
종을 처음으로 채집하여 보고한 사람이 린네라는 의미를 담고 있다.
여기서 속명과 종명은 이탤릭체를 사용하거나 아래에 밑줄을 그어야
하는 규칙이 있다. 세계적으로 처음 밝혀진 종을 신종이라고 하며, 이
에 대해서는 학명이 붙여지게 되는데 이때는 이 종을 채집한 장소나
학계에 신종으로 보고하는 학자의 이름이 붙여지는 경우가 많다.

6 예를 들어 죠스의 주인공인 상어에 대해 영어권의 나라들에서 'white
shark'라는 이름을 사용한다. 이것은 미국의 국명이 될 것이다. 이 상
어에 대한 우리나라의 국명은 '백상아리'이다. 많은 사람이 영명의
'white shark'를 그대로 옮긴 '백상어'로 표기하는 경우가 있는데, 우리
나라의 정확한 국명은 '백상아리'이며, 정문기 박사가 『한국어도보』
(1977)에서 붙인 이름이다.

람들에게는 '제각기 다른 이름'이 아닌 '하나의 통일된 이름'이
필요하기 때문에 어떤 생물과 사물에 처음 이름을 붙일 때는 신
중할 필요가 있다.

 사람들이 이러한 생물과 사물을 인식하는 첫걸음은 그들의
이름을 지어 주는 것에서부터 시작되는데 생물은 다른 어떤 대
상보다 인간의 생활이나 역사와 관련이 깊어 그들의 이름은 우
리의 생활에서 가장 오래되고 친숙한 어휘장의 하나로 볼 수 있
다.[7] 특히 생물 중 물고기는 인간과의 관계가 매우 밀접하다. 그
리고 물고기 이름에 대한 어휘는 생각보다 많이 존재하고 많은
어휘가 존재한다는 것은 해당 범주의 구성원이 많이 존재하여
각 대상을 표현하는 어휘가 더욱 상세한 변별적 의미를 나타내
는 것으로 해석할 수 있다. 그래서 물고기 이름의 연구는 명명의
일반 원리를 밝히는데 유용한 자료를 제공해 줄 수 있을 뿐 아니
라 사람의 인지 양상을 밝히는데도 충분한 자료를 제공할 수 있
을 것이다.

---

7 동식물과 관련된 많은 전설과 신화를 살펴보면 사람이 자연을 인식하
  고 이용하는 것은 동물과 식물로부터 시작되었다. 특히 동물은 식물이
  기원되기 전부터 이미 인간의 친한 친구였고 오랜 세월이 지난 후에
  동물에서 점차 식물 등으로 확장된 것으로 보인다.

이에 본 서에서는 한·중·일 삼국의 물고기 이름에 주목하여
이에 대한 통시적 고찰을 통해 한·중·일 삼국의 언어문화를 이
해하고자 하는 데에 목적이 있다. 이와 관련된 기본적인 연구 방
법은 첫째, 물고기 이름 특성과 관련하여 기존의 어원과 유래에
대해 검토하는 것이고, 둘째, 한자어를 중심으로 우리나라의 물
고기 이름과 중국, 일본의 물고기 이름을 비교하여 그 차이와 분
화를 발견하고, 셋째, 다양한 이명(異名)을 통해 한·중·일 삼국의
어휘 문화사를 살펴보는 것이다.

이러한 물고기 이름의 문화사 연구는 물고기 자체가 가지는
속성이 매우 중요한 요소이다. 그러나 물고기의 종류가 방대하
고 각 종(種)에 따라 정해진 속성을 모두 파악하고 분류하여 물고
기 이름에 내재된 일정한 규칙을 밝히는 일은 쉽지 않다. 이런 점
을 고려하여 본 서에서는 대상 범위를 '조기', '멸치', '우럭', '복
어', '전어', '고등어', '꽁치', '명태'의 물고기 이름에 한정하기로
한다.[8]

---

8 연구 대상을 '조기, 멸치, 우럭, 복어, 전어, 고등어, 꽁치, 명태' 8종(種)
   의 물고기로 선정한 구체적인 이유는 다음과 같다. 첫째, 우리나라 사
   계절을 대표하는 물고기를 선정한 것이다. 둘째, 사계절의 물고기 이름
   중에 '-어', '-치', 그리고 '-어와 -치가 불포함된 이름'을 가진 종(種)을 선
   택한 것이다.

2장

나의 이름은 어디에서
시작되었을까?

1. 한국 물고기 관련 문헌자료 개관

물고기 관련 문헌은 역사서(歷史書), 지리서(地理志), 농
서(農書), 의서(醫書), 유서(類書), 그리고 일부 조리 관련 문헌 등에
일부 또는 하나의 부문으로 구성되어 전하는 것이 대부분이다.
고려 시대 때 일부 문헌상에 물고기 관련 내용이 수록되어 있지
만 주로 조선 시대에 이르러 물고기 관련 문헌이 등장한다. 조선
시대 물고기 관련 문헌 중 가장 오래된 것은 1425년 하연(河演)이
편찬한 『경상도지리지(慶尙道地理志)』토산부(土山部)에 실려 있는
물고기 21종의 기록이라 알려져 있다.[1] 이후 18세기 말까지는 물
고기에 대한 명칭과 산지를 기록하고 있는 문헌이 대부분이고,
물고기에 대한 이름, 형태, 습성 등에 대하여 보다 상세히 기록하
고 있는 문헌은 19세기에 이르러서야 등장한다.

1) 15~18세기의 물고기 관련 문헌

15세기부터 18세기에 이르기까지 편찬된 물고기 관
련 문헌은 주로 지리지(地理志), 역사서(歷史書), 유서(類書), 의서

---

1   정문기, 『한국어도보(韓國魚圖譜)』, 일지사, 1977, 6쪽.

(醫書) 등에 물고기 관련 내용을 기재하고 있다.[2]

15~18세기 물고기 관련 문헌

서명	간사년	내용
경상도지리지 (慶尙道地理志)	1425	토산부(土山部)에서 '靑魚, 年魚, 大口魚, 廣魚, 銀魚, 黃魚, 雙魚, 鯊魚, 方魚, 洪魚, 都音魚, 古道魚, 鮒魚, 白魚, 鯉魚, 葦魚, 水魚, 石首魚, 錢魚, 松魚, 點察魚' 등 물고기의 이름과 산지 소개.
경상도속찬지리지 (慶尙道續纂地理志)	1469	
신찬팔도지리지 (新撰八道地理志)	1432	토산부(土山部)에서 물고기 10여종의 명칭과 산지 기록.
향약집성방 (鄕藥集成方)	1433	권76 본초충린(本草蟲鱗)에서 11종의 물고기에 대한 한자명, 방언 및 약성 기록.
고려사 (高麗史)	1454	권56-58 지리지(地理志) 토산부(土山部)에서 물고기 10여종의 명칭과 산지 기록.
세종실록 (世宗實錄)	1454	지리지(地理志) 중 각 도(道) 각 군현(郡縣)에 수록된 항목 중 어량(魚梁)에서 물고기 34종의 이름과 산지 소재 기록.
동문선 (東文選)	1478	고려 학자 최자(崔滋)의 삼도부(三都賦)에서 '鮪, 鯊, 鰕, 鱧' 등 강에서 잡은 물고기의 이름을 열거.
신증동국지승람 (新增東國地勝覽)	1530	토산부(土山部)에서 '訥魚, 錦鱗魚, 蘇魚, 兵魚, 黃石首魚, 盧魚, 眞魚, 亡魚, 錦魚, 黃小魚, 麻魚, 刀魚' 등 물고기 46종의 명칭과 산지 기록.

2   정문기, 『한국어도보(韓國魚圖譜)』, 일지사, 1977, 6-8쪽의 내용을 참조하여 수정 보완하였다.

서명	간사년	내용
동의보감 (東醫寶鑑)	1611	본초강목(本草綱目)에서 물고기의 이름과 약성 기록.
지봉유설 (芝峯類說)	1614	권20 금충(禽蟲) 부문에서 물고기 소개.
역어유해 (譯語類解)	1690	하권 수족(水族) 부문에서 물고기 소개.
북관지 (北關志)	1693년경	각 부(府)를 소개하면서 16종의 물고기의 이름과 산지 기록.
산림경제지 (山林經濟誌)	17세기 후반	25종의 물고기의 이름과 산지 및 활용방법 기록.
고사신서 (攷事新書)	1771	지리부(地理部) 권12 목양문(牧養門) 양어(養魚)에서 주로 담수어를 대상으로 물고기 20종에 대한 이름과 산지 수록.
방언집석 (方言集釋)	1778	일부 물고기의 한(漢), 청(淸), 몽고(蒙古), 왜(倭)의 방언들을 채집, 분류 정리한 후 조선의 언문(諺文)으로 번역.

2) 19세기 물고기 관련 문헌

19세기에 들어 물고기 관련 문헌은 이만영(李晩榮)의 『재물보(才物譜)』, 정약용(丁若鏞)의 『아언각비(雅言覺非)』, 유희(柳僖)의 『물명고(物名攷)』 등과 같이 종합 백과사전 성격의 문헌과 김려(金鑢)의 『우해이어보(牛海異魚譜)』, 정약전(丁若銓)의 『자산어보(玆山魚普)』, 서유구(徐有榘)의 『난호어목지(蘭湖漁牧地)』 등과 같이 전문적인 물고기 백과사전 성격의 문헌들이 다양하게 편찬되었다.

19세기 물고기 관련 문헌

	서명	간사년	내용
종합적인 백과사전	재물보 (才物譜)	1807	권7 물보이(物譜二) 린충(鱗蟲)에서 물고기에 대해 기술.
	아언각비 (雅言覺非)	1819	권3 권말 부분에 '鮀, 鱣, 鱧' 등에 대해 기술.
	물명고 (物名攷)	1824	권2 수족(水族) 부분의 린충(鱗蟲)과 개충(介蟲)에서 물고기를 다룸.
	임원경제지 (林園經濟志)	1827	어명고(魚名攷)에서 물고기의 이름과 모양 등을 설명.
	오주연문장전산고 (五洲衍文長箋散稿)	1850	어충(魚蟲) 부분에서 물고기를 설명.
전문적인 물고기 백과사전	우해이어보 (牛海異魚譜)	1803	물고기 53종 외에 갑각류 8종, 패류 10여 종 등을 수록.
	자산어보 (玆山魚普)	1814	대항목과 소항목으로 분류하고 해당 물고기를 수록하고 있다. 즉 린류(鱗類)는 20항목 71종, 무린류(無鱗類)는 19항목 45종, 개류(介類)는 12항목 65종, 잡류(雜類)는 4항목 45종으로 총 55항목 226종을 수록.
	난호어목지 (蘭湖漁牧地)	1820	민물고기 55종, 바다고기 78종, 증험하지 못한 고기 9종, 중국에서 발견되지 못한 고기 11종, 그리고 동양의 물고기로 확실하지 않은 1종, 총 154종을 다루고 있음.

3) 20세기 물고기 관련 문헌[3]

우리나라 물고기가 과학적 체계를 갖추어 알려지게
된 건 1892년 유럽의 어류학자 헤르젠슈타인(S. M. Herzenstein)
이 남한강 충주 풍동에서 채집한 돌고기를 'Puntungia herzi'라
는 학명으로 처음 보고하면서부터이다. 그 후 슈타인다크너(F.
Steindachner)가 서울 근교에서 채집한 납지리를 'Paracheilognathus
coreanus'라는 학명으로 처음 발표하였다. 그리고 미국의 어류학
자 조던(D. S. Jordan)과 다른 학자들은 1905년 우리말 물고기 71종
을 보고하였고, 1913년에는 신종 수종을 포함한 254종의 물고기
목록을 발표하였다.

1920~1930년대에는 일본 어류학자인 모리 다메조(森爲三) 박
사가 우리나라 민물고기 20여 종 이상을 발표하였고, 1952년에
는 824종의 어류(魚類) 목록을 발표했다. 1939년에는 우치다 게
이타로(內田惠太郎) 교수가 우리나라 민물고기 82종의 형태, 생
태, 분포 및 생활사에 관해 상세하게 기록하였다.

광복 이후 우리나라의 정문기 박사(1898~1995)는 『한국동식물
도감: 어류편』(1961)과 『한국어도보(韓國魚圖譜)』(1977)를 펴내면

---

3 정문기, 『한국어도보(韓國魚圖譜)』, 서울: 일지사, 1977, '한국산 어류의
연구사' 내용을 참고하여 수정 보완하였다.

서 우리나라 어류(魚類) 872종의 형태, 생태, 분포 및 검색표와 동
종이명 등을 우리말로 수록하여 우리나라 물고기를 이해하고
연구하는데 큰 도움을 주었다. 그리고 1940년대 이후 서울대학
교 사범대학 생물학과 교수인 최기철 박사(1910~2002)가 우리나
라 민물고기의 지리적 분포에 관한 현장조사 결과를 바탕으로
물고기 생태 연구의 기초를 이루면서 『한국의 자연, 담수어편』
(1982~1988)을 출간하였다. 1989년에는 한국어류학회가 창립되었
고 『한국어류학회지』가 발간되면서 우리나라 물고기 분류와 상
태에 관한 연구가 활발해졌다.

  2005년에 발간된 『원색 한국 어류 대도감』(김익수 외 5인)에서
는 우리나라에서 분포하거나 출현한 어류(魚類) 1,085종의 사진
과 그림, 형태, 생태, 분포 및 검색표 등을 정리하여 수록하였다.

2. 중국 물고기 관련 문헌자료 개관[4]

  중국의 물고기 관련 최초의 문헌은 선진(先秦)시대 분

류어휘집인 『이아(爾雅)』에서 비롯되었다. 『이아(爾雅)』는 동물을 '충(蟲), 어(魚), 조(鳥), 수(獸), 축(畜)'의 다섯 가지로 분류하고 어휘 항목마다 별명(別名)도 많이 수록하였는데 석어(釋魚)편에 물고 기 20여 종을 나열하고 있다. 『관자(管子)』, 『맹자(孟子)』, 『순자(荀子)』, 『여씨춘추(呂氏春秋)』등에도 각각 물고기 잡는 방법과 어장 관리 방법이 기록되어 있는데 주로 수산자원 보호 등의 어업 내 용을 담고 있다.

삼국(三國)시대 조조(曹操)가 저술한 『사시식제(四時食制)』에도 논에서 잉어와 수산동물을 기르는 형태와 생활습성, 가공이용 등의 내용을 다루고 있다. 그리고 심영(沁營)이 편찬한 『임해수토 이물지(臨海水土異物志)』에는 오(吳)나라 임해군(臨海君: 지금의 절 강성(浙江省) 남부와 복건성(福建省) 북부 연해 일대)의 지방지(地方誌)로 근해의 어류(魚類), 패류(貝類), 새우류(蝦蟹), 해파리(水母) 등의 형 태와 생활습성을 기록하고 있다.

당(唐)대에는 유공(劉恂)이 저술한 『영표록이(嶺表錄異)』3권이 있는데 영남(嶺南: 지금의 광동(廣東), 광서(廣西) 지역)의 풍속물산이 기록되어 있다.[5]

---

5 『영표록이(嶺表錄異)』의 원서는 산실되어 오늘날에는 『영락대전(永樂大 典)』등의 저서에서 살펴볼 수 있으며 중국의 초어(草魚) 양식이 최초로

송(宋)대에는 주밀(周密)이 저술한 『계신잡식(癸辛雜識)』에 수산(水産) 부분이 자세히 기록되어 있는데 남송(南宋)시대 강주(江州: 지금의 강서(江西) 구강시(九江市))의 치어 사육과 운반 방법에 대해 주도면밀하게 살피고 있다. 그리고 송(宋)대에 발간된 어휘집 『비아(埤雅)』에서는 동물을 '석어(釋魚), 석수(釋獸), 석조(釋鳥), 석충(釋蟲), 석마(石馬)' 등으로 나누어 기록되어 있는데 그 중 물고기는 '석어(釋魚)'에 나타난다.

명(明)대의 임일서(林日瑞)가 편찬한 『어서(漁書)』는 총 12권으로 권2~권10까지는 각각 '신품(神品), 거품(巨品), 진품(珍品), 잡품(雜品), 개품(介品), 유품(柔品), 축품(畜品), 소품(蔬品), 해수(海獸)'로 나누어 수산물을 열거하고 있다. 그 중 11권은 어구(漁具)항목으로 '그물류(網類), 사슬류(鏈類), 잡구(雜具), 배의 뗏목' 등 자목(子目)으로 구분되고 13권에는 '부기이(附記異)'의 표가 수록되어 있다. 그리고 명(明)대 이시진(李時珍)이 저술한 『본초강목(本草綱目)』(1578)에서는 16부 60종으로 나눠 1,892종의 약재를 수록하고 있는데, 그 중 동물은 '충부(蟲部), 린부(鱗部), 개부(介部), 금부(禽部), 수부(獸部), 인부(人部)'로 나누어 설명하고 있고, 어류(魚類)는

기록되어 있다.

'린부(鱗部)'와 '개부(介部)'로 나누어 다양한 물고기의 종류와 패류, 그리고 다른 수산물의 약물성능과 생활 습성, 어획방법, 가공이용 등에 관한 내용을 담고 있다.

청(淸)대 초기 굴대균(屈大均)이 편찬한 『광동신어(廣東新語)』에는 린어(鱗語)와 개어(介語) 두 권에 주강삼각주(珠江三角洲: 광주, 홍콩, 심천, 마카오를 연결하는 삼각지대를 중심으로 하는 지역의 호칭을 말함.)의 수산 동물, 어구방법, 치어장획, 어류(魚類)와 패류(貝類)의 양식 등의 내용을 상세히 기록하고 있고, 이조원(李調元)이 편찬한 『연서지(然犀志)』에는 광동(廣東) 연해의 어류(魚類), 조개류, 갑각류 등 총 92여 종의 내용을 광범위하게 기술하고 있다.

이 외에도 한(漢)대 왕충(王充)의 『논형(論衡)』, 진(晋)대 습착치(習鑿齒)의 『양양기구기(襄陽耆舊記)』, 상조(常璩)의 『화양국지(華陽國志)』, 당(唐)대 단공로(段公路)의 『북호록(北戶錄)』, 장작(張鷟)의 『조야첨재(朝野僉載)』, 송(宋)대 범진(範鎭)의 『동재기사(東齋記事)』, 나원(羅願)의 『이아익(爾雅翼)』, 주밀(周密)의 『제동야어(齊東野語)』, 방원영(龐元英)의 『문창잡록(文昌雜錄)』 등은 모두 수산 관련 내용을 많이 담고 있는 중요한 고서이다.[6]

---

6 다른 수산 동물과 겸한 종합저서로는 명(明)대 도본준(屠本畯)의 『민중해착소(閩中海錯疏)』(1596)과 『해미색인(海味索引)』, 이조원(李調元)의 『연

3. 일본 물고기 관련 문헌자료 개관[7]

일본의 물고기 관련 최초의 문헌은 8세기의 『고사기
(古事記)』이다. 『고사기(古事記)』에는 상어, 농어, 도미, 참치, 은어
의 이름이 처음 등장하고 『일본서기(日本書紀)』에는 『고사기(古
事記)』에 등장하는 물고기 이름 외 7종의 어류(魚類)와 새우, 조개
류가 더하여 나타난다. 그리고 일본 고대 시가집인 『만엽집(萬葉
集)』에 14종의 어류(魚類)가 등장한다. 또 평안(平安)시대 중기에
완성된 『화명류취초(和名類聚抄)』에는 52종의 어류(魚類)에 대한
한자와 일본 이름이 기재되어 있다.

918년에 편찬된 심근보인(深根輔仁)의 『본초화명(本草和名)』에
는 중국의 『신수본초(新修本草)』에 기록된 동식물의 한자 이름을
일본 이름으로 번역한 것으로 충어(蟲魚)는 113종, 그중 어류(魚

서지(然犀志)』(1779), 적영행(郝懿行)의 『기해착(記海錯)』(1801), 곽백창(郭
柏蒼)의 『해착백일록(海錯百一錄)』(1886)과 『만산록이(閩產錄異)』, 판단앙
(範端昂)의 『오중견문(粤中見聞)』등이 있고, 범어(范蠡)가 저술한 중국 최
초의 어류사 문헌 『양어경(養魚經)』, 현존하는 최초의 민물고기 전문서
인 황성증(黃省曾)의 『종어경(種魚經)』(1618)이 있다.

7 김문기, 『동아시아 해양어류지식의 역사』, 『역사와 경계』,99, 부산경남
사학회, 2016, 내용을 참고하여 수정 보완하였다.

類)는 18종이 보인다. 70여 년 뒤의 『의심방(醫心方)』에는 16종 어류(魚類)가, 『강뢰본초(康賴本草)』에는 9종의 어류(魚類)가 수록되어 있다.

17세기에 들어 임라산(林羅山)의 『다식편(多識編)』 린부(麟部)에서 어류(魚類)의 한자 이름을 소개하고 일본어 훈을 달고 있다. 1629년에 간행된 곡직뢰도삼(曲直瀨道三)의 『의금본초(宜禁本草)』에는 한자어명 23종과 일본어명 28종 총 61종의 어류(魚類)를 수록하였다. 1666년에 간행된 중촌상재(中村惕齋)의 『훈몽도휘(訓蒙圖彙)』에는 총 22권으로 이루어져 있는데 전체 물품 1,482개 중에 동식물이 686개로 절반을 차지하고 있다. 특히 용어 부문에 있는 어류(魚類)는 45종에 달하는데 그림과 함께 간략한 설명이 덧붙여 있다. 그리고 1695년에 『훈몽도휘(訓蒙圖彙)』를 증보하여 간행한 『증보두서훈몽도휘(增補頭書訓蒙圖彙)』는 어류(魚類)에 인어(人魚), 대구(鱈), 청어(鯡) 등이 증보되어 65종에 달하고, 1669년에 간행된 명고옥현의(名古屋玄醫)의 『열보식물본초(閱甫食物本草)』에는 어부(魚部) 65종, 개부(介部) 16종을 수록하고 있는데 해삼, 새우, 게 등을 제외하면 어류(魚類)는 56종 정도이다. 1678년에 간행된 신정현규(新井玄圭)의 『식물제요(食物摘要)』에는 '린어(鱗魚)' 16종과 '무린어(無鱗魚)' 26종 총 42종을 다루고 있다. 여기서 주목할 부분은 '부록'으로 중국의 바다에서는 보기 어려워 『본초강목(本草綱目)』에 없는 일본의 어류(魚類) 47종이 수록되어 있다. 이를 종합하면 90여 종의 어류(魚類)가 실려 있다. 1684년에는 향정현승(向井玄升)의 『포주비용왜명본초(庖廚備用倭名本草)』에 460여 종의 식품을 서술하고 있는데 어류(魚類)는 무린어(無鱗魚) 39종, 유린어(有鱗魚) 49종, 총 88종을 다루고 있다. 그리고 1697년에는 인견필대(人見必大)의 『본조식감(本朝食鑑)』에서 수(水), 화(火), 토(土), 곡(穀), 조양(造釀), 채(菜), 과(菓), 금(禽), 린(鱗), 개(介), 수(獸), 충(蟲)의 12부(部)로 분류하여 어류(魚類)를 강호유린어(江湖有鱗魚), 강호무린어(江湖無鱗魚), 강해유린어(江海有鱗魚), 강해무린어(江海無鱗魚)의 4류(類)로 나누어 각각 11종, 8종, 35종, 37종으로 총 91종을 다루고 있다.

18세기에는 패원익헌(貝原益軒)이 1709년에 간행한 『대화본초(大和本草)』에 수(水), 화(火), 금옥토석(金玉土石) 등 37부문으로 나누어 수록되어 있는데, 그중 물고기는 하어(河魚)와 해어(海魚)로 분리하여 어종(魚種)의 색깔, 크기, 모양, 산지, 생태 등을 기록하고 있다. 아울러 한자로 표기하기 어려운 일본의 어종(魚種)은 카타카나만으로 이름으로 표기했고, 해양 어류(魚類)에 특히 주목하고 있다. 1713년에 간행된 유서(類書) 사도량안(寺島良安)의 『왜

한삼재도회(倭漢三才圖會)』에서는 전체를 천(天), 인(人), 지(地)의 3부(部)로 나누었고 어류(魚類)는 인부(人部)에 기술하고 있으며 어류(魚類)를 다시 하호유린어(河湖有鱗魚) 26종, 강해유린어(江海有鱗魚) 48종, 하호무린어(河湖無鱗魚) 9종, 강해무린어(江海無鱗魚) 43종으로 총 4류(類)로 분류하고 있다. 그리고 1716년에 간행된 향월우산(香月牛山)의 『권회식경(卷懷食鏡)』에서는 429종의 식품 중에 어류(魚類) 78종, 개류(介類) 26종, 기타 15종의 맛, 치료, 금기를 기술하고 있는데 흥미로운 것은 그 말미에 '한자가 분명하지 않은 어류(魚類)', 즉 일본에 있지만 한자로 표현되지 않은 물고기 26종을 덧붙였다. 1726년에는 신전현천(神田玄泉)이 일본 최초의 어보(魚譜)인 『일동어보(日東魚譜)』를 편찬하였고, 비슷한 시기에 간행된 『식물지신(食物知新)』에서는 식품 약 800종에 어개류(魚介類) 94종의 이름을 해석하고 치료, 금기, 조리 방법을 기술하고 있다. 그리고 1737년에 가하락(可賀落)에서 올린 『가학락산물지(可賀落産物志)』에 204종의 어류(魚類)에 대한 정보가 매우 자세히 나와 있다. 20여 년 뒤 환산원순(丸山元純)의 『월후명기(越後名寄)』에도 동식물에 대한 참신한 정보를 담고 있는데 여기에는 하어(河魚) 51종, 해어(海魚) 112종, 총 163종의 어류(魚類)에 대한 설명이 있다. 1769년 송강현달(松岡玄達)이 출간한 『식료정요(食

療正要)』에는 어류(魚類) 88여 종이 수록되어 있는데 어류(魚類)의 맛과 효용뿐만 아니라 어명(魚名)의 유래, 주요 생산지역, 포어(捕魚) 및 요리 방법에 대해서도 자신의 견해를 밝히고 있다. 그리고 1755년에는 일본 최초의 방언집성(方言集成)인 『물류칭호(物類稱號)』에 어류(魚類)에 대한 한자 이름을 제시하고 이에 대한 일본 이름 및 설명을 덧붙이고 있다.

3장

나의 이름은 왜 다양할까?

1. 물고기 이름의 시대적 성격

물고기에 이름이 붙여진 시기는 언제부터 였을까? 물고기 이름은 과거부터 현재까지 많은 문헌에서 여러 가지 형태로 나타나고 있는데, 손목(孫穆)의 『계림유사(鷄林類事)』(1103)에서 "물고기와 육고기 모두 고기이다.(魚肉皆曰姑記)"로 되어있다는 것이 물고기 명칭에 대한 최초의 기록으로 보인다. 이는 당시 고려인들이 '어(魚)'와 '육(肉)'을 따로 구분하지 않고 모두 '고기(姑記)'라고 명명하였음을 알 수 있다.[1]

이후 비록 물고기 이름이 한자로 기록되어 있지만 조선 시대 『세종실록지리지(世宗實錄地理志)』에 보면 다음과 같은 물고기 이름이 나온다.

加火魚, 瓜魚, 廣魚, 古道魚, 洛地, 鱸魚, 大口魚, 到美魚, 道音魚, 刀魚, 芒魚, 亡魚, 綿魚, 民魚, 文魚, 牟魚, 白魚, 魴魚, 沙魚, 松魚, 愁伊只魚, 石首魚, 細美魚, 舌大魚, 僧魚, 蘇魚, 細鱗魚, 水(首)魚, 連魚, 年魚, 烏賊魚, 烏魚,

---

1 어(魚)와 육(肉)을 구분하지 않고 통칭으로 쓰는 것은 오늘날에도 일반인들 사이에 흔히 있는 일이다.

銀口魚, 葦魚, 餘項魚, 玉頭魚, 鯉魚, 雄魚, 銀魚, 節魚,
眞魚, 錢魚, 准魚, 八梢魚, 靑魚, 洪魚, 紅魚, 行魚, 黃大
魚, 黃水魚, 黃魚

『세종실록지리지(世宗實錄地理志)』에서는 50여 종의 물고기 이
름이 나오는데 '문어(文魚)와 팔초어(八梢魚)', '은구어(銀口魚)와
은어(銀魚)'와 같이 한 종(種)에 두 개의 이칭(異稱)이 있는 경우도
있고, 문어(文魚)나 낙지(洛地), 오적어(烏賊魚) 등과 같이 생물학적
분류상 연체동물에 속하는데 대부분 냉혈척추동물인 물고기와
같은 부류에 넣어 다루고 있는 경우도 있다. 이 시기의 문헌 자료
들은 그 분류에 있어서 냉혈척추동물이냐 연체동물이냐로 구분
하는 것이 아니라 '수족(水族), 린개(鱗介), 충어류(蟲魚類)' 등과 같
이 나누므로 문어(文魚), 낙지(洛地), 오적어(烏賊魚)는 수족(水族)으
로서 한 부류로 묶을 수 있었다.
　조선 시대에 나오는 여타 문헌에서도 물고기는 수족(水族)이
나 린개(鱗介), 충어류(蟲魚類) 등에 나타나며,『신증동국여지승람
(新增東國輿地勝覽)』토산부(土産部)에서 66종의 물고기 이름이 나
타난다.『훈몽자회(訓蒙字會)』린개(鱗介) 부문에서는 '련어, 드렁
허리, 부어' 등 20여 종의 물고기 이름이 나오고,『역어유해(譯語

類解)』수족(水族)에서는 20여 종, 『동문류해(同文類解)』에서는 20
여 종, 『왜어류해(倭語類解)』에서는 30여 종, 『몽어류해(蒙語類解)』
에서는 30여 종, 『방언류석(方言類釋)』에서는 40여 종, 『물명고(物
名攷)』에서는 60여 종, 『자류주석(字類註釋)』에서는 50여 종의 물
고기 이름이 나온다.

근대 시기 문헌에서는 214부수(部首)의 하나인 '어(魚)'부(部)에
물고기 관련 어휘가 귀속되어 나타나는데 물고기 이름의 수는 대
략 30여 종 안팎으로 나타난다.[2]

이처럼 지난 시기의 문헌 자료에 나타나는 물고기 이름은 70
여 종 내외로 이들은 대부분이 독립된 형태의 이름이 많으며 단
순 명칭어이며 시대와 문헌에 따라 물고기의 분류 방식 또한 차
이가 존재한다.[3]

---

2 『국한문신옥편(國漢文新玉篇)』에서 20여 종의 한자어 물고기 이름이 나
   타나고, 『자전석요(字典釋要)』에서 30여 종, 『한선문신옥편(漢鮮文新玉篇)』
   에서 30여 종, 『신자전(新字典)』에서 30여 종의 물고기 이름이 나온다.

3 오늘날의 물고기 이름은 세분화되고 상호 유연성이 많은 복합 명칭어
   들과는 그 수와 특성 차이가 많이 난다.

2. 물고기 이름의 종류와 분류 체계

사람이 물고기를 먹기 시작한 것은 문자 이전 시대부
터이다. 그렇기 때문에 문자 표기 이전에 고유어로 명명된 물고
기 이름이 있었을 것이며 문자 발명에 따라 다양한 방식으로 표
기되었을 것이다. 이러한 물고기의 이름과 분류는 어디에서부터
시작되었을까? 대부분 어류 분류 학자들에 의해서 붙여진 것이
라 생각하겠지만 사실 인간의 구별 욕구에 의하여 자연발생적으
로 이루어진 것이다. 지금은 과학의 발달과 관련 분야의 학문적
연구 성과를 바탕으로 과학적 분류법이 이루어지고 있지만 그
이전의 물고기 이름의 특성과 분류 체계는 시대와 자료의 성질
에 따라 달리 나타나고 있다.

1) 종합적인 백과사전

(1)『재물보(才物譜)』

『재물보(才物譜)』는 1807년에 이만영(李晩永)이 편찬한
자연과 인문계통의 명사를 수록한 4책의 박물사전적 성격이자
한자 어휘 분류집이다. 주로 한문 문헌에 자주 나오거나 일상생

활에서 사용되는 한자 어휘를 의미에 따라 종류별로 모으고 먼저
한자명을 쓰고 한글로 풀이하는 형식으로 되어있다. 각 표제항에
는 주석이 있고 각각 한자명(漢字名), 별명(別名), 속명(俗名), 서역명
(西域名), 범명(梵名) 등이 있으며 간혹 한글 역주가 있다. '7권 물보
(物譜) 린충(鱗蟲)'에서 물고기 이름에 대하여 기술하고 있다.

분류	표제어
린충 (鱗蟲)	니어, 늅치, 슈어, 조긔, 황셕어, 민어, 쥰치, 위어, 부어, 도미, 농어, 금닌어, 모리무지, 색지, 은구어, 필아미, 빙어, 가물치, 비암장어, 드렁허리, 믓구리, 머유기, 동ᄌ, 복, 셔대, 상어, 대구, 북어, 고동어, 광어, 방어, 면어, 송어, 반당이, 갈치, 가오리, 멸, ᄌ가사리, 고리

(2) 『아언각비(雅言覺非)』

『아언각비(雅言覺非)』는 1819년에 정약용(丁若鏞)이 지
은 3권 1책의 한문 필사본이다. 당시에 잘못 쓰이고 있던 말들을
골라 우리나라와 중국의 여러 문헌을 인용하여 그 어원(語源), 자
의(字義), 음운(音韻), 표준어(標準語), 방언(方言) 등으로 고증하면
서 오류를 지적하고 있는 우리말 어원 연구와 관련된 대표적 저
서라 할 수 있다. 물고기 이름은 권 3 마지막 부분에서 '면어(鮸
魚), 해즉(海鯽), 노어(鱸)' 등에 대하여 다루고 있다

분류	표제어
면어(鮸魚)	면어, 추수어, 치어, 시어, 접어, 자어, 분어, 만리, 이어, 부어, 노어, 사어, 수응어·배응어
해즉(海鯽)	도미
노어(鱸)	거억정이

(3) 『물명고(物名攷)』

　『물명고(物名攷)』는 1824년에 유희(柳僖)가 쓴 만물의 성질과 특성을 간단하게 기록한 일종의 박물지 겸 어휘사전이다. '물명류고(物名類考)'라고도 한다. 대개 한자어로 된 사물의 명칭에 대하여 국문 명칭을 붙여 놓았고, 크기·빛깔·형태·산지 등에 대해서도 비교적 자세하게 기록하고 있다. 권 2 수족(水族) 부문의 '린충(麟蟲)'에서 물고기 이름을 다루고 있다.

분류		표제어
수족 (水族)	린충 (麟蟲)	가물티, 가오리, 가잠이, 갈티, 격경이, 고동어, 고리, 골독이, 구굴무디, 색디, 낙디, 난셰씨느리, 날티, 녀어, 노어, 늙치, 니어, 대구, 덥티 돗고기, 드렁허리, 머유기, 멸티, 모리무디, 무럼, 문어, 뮈, 민어, 밀어, 밋그라지, 비얌장어, 빙어, 반당이, 발강이, 방어, 병어, 복, 부셰, 부어, 불거디, 샹어, 셔대, 소가리, 숑어, 수조긔, 슈어, 시욹디, 쌍필이, 여흘티, 연목이, 오증어, 우럭이, 위어, 은구어, 자가샤리, 죠긔, 주토고기, 쥰티, 필이, 히파리, 황셕수어, 황어

(4) 『임원경제지(林園經濟志)』

1827년에 서유구(徐有榘)가 저술한 『임원경제지(林園經濟志)』는 일명 『임원경제십육지(林園經濟十六志)』로서 농사직설(農事直說)과 산림경제(山林經濟)를 토대로 농사와 관련하여 필요한 지식과 기술 등을 모아 놓은 종합적인 백과사전이다. 그중 37~40권 전어지(佃漁志)에서 '목양(牧養)', '익렵(弋獵)', '어작(漁釣)' 등의 항목을 다루어 목축과 수렵과 어로 등의 방법을 서술하고 있으며, 이어 '어명고(魚名攷)'에서 물고기의 이름과 모양 등을 설명하고 있다.[4]

(5) 『오주연문장전산고(五洲衍文長箋散稿)』

『오주연문장전산고(五洲衍文長箋散稿)』는 1850년경에 이규경(李圭景)이 편찬한 것으로 우리나라와 중국, 기타 외국의 고금 사물에 대하여 의의(疑義)가 있는 것이나 고증할 필요가 있는 것이면 보이는 대로 고증하고 변증하여 기록하여 엮은 책이다. 그중 충어(蟲魚) 부분에서 물고기 이름을 다루고 있다.

---

4 『임원경제지(林園經濟志)』의 전어지(佃漁志)는 서유구(徐有榘)의 『난호어목지(蘭湖漁牧志)』의 내용을 모두 참조하여 수록하였으므로 물고기 이름의 종류와 분류는 『난호어목지(蘭湖漁牧志)』의 내용을 참고.

분류	표제어
충어(蟲魚)	망어, 금어, 화어, 비어(날치), 좌어, 선어(드렁허리), 오망동(망둑어), 수점어(물메기), 경어, 악어, 예, 인어, 칠등, 용어(청어), 온어(멸치), 북어, 하돈(복어)

2) 전문적인 물고기 백과사전

(1) 『우해이어보(牛海異魚譜)』

『우해이어보(牛海異魚譜)』는 크게 물고기와 비물고기를 구분하여 본문과 부록으로 분류하고 있다. 다시 말해 물고기류를 주 부류로 구분하고 부록으로 '해(蟹), 합(蛤), 라(螺)'와 같이 게류, 조개류 및 소라류를 부기하고 있다.

분류	표제어
어류(魚類)	文鰤魚(문절망둑), 鮛鮛(감성돔), 甫鱛(볼락), 魟鰽(줄공치), 馬魟鰽(학공치), 鮰鮰(흰실뱀장어), 鼠鰡(쥐노래미), 石河鈍(졸복), 沈子魚(比目魚), 都鰻(돌고래의 일종), 閔鯊魚(모래무지의 일종), 鱴鱴(정어리멸치), 鱗鮀(가방어), 鯣鮎(오징어), 鱸奴魚(꺼정이), 石首查頓(참조기), 鯀鱯(민어), 豹魚(메기), 鯵鮺(다랭어), 鰲鮴(납자루), 鮄鱛(동자개/창고기), 靑家鱛鯉(가오리/홍어), 鬼鮴(노랑가오리), 鱗鰭(도미), 閏良魚, 鯧鯳(문어/낙지), 安鱣魚, 可達鱯鮫(격정이일종), 鱸鮬(쏘가리), 眞鯖(참청어), 飛玉(뱅어), 鹹魛魚(웅어), 鎌鯣(붕어의일종), 鮖鯉(꼬치삼치), 鱗鮇(황뱅댕이), 石鯾子(방어), 吐鱷, 銀色鯉魚(은잉어), 黌鮇(동자개), 海陰莖(개불), 貝魚(숭어의일종), 黑鮄鮑(전복의일종), 鮇鯤, 阿只鮄鱔(숭어의일종), 鯯魚(돌고기), 鱸鱛(드렁허리), 矮鮴(왜송어), 箭沙鱣魚(철갑상어의일종), 鱗笋(웅어의일종), 帖錢鱇魚(은연어), 鮄魟(미꾸리), 鮴達魚(도다리), 白條

『우해이어보(牛海異魚譜)』는 사람들이 익히 알고 있거나 어족
(魚族)에 속하지 않는 것, 하찮은 것, 그리고 뜻 해석이 어려운 물
고기를 제외하고 진해의 특이한 물고기 72종을 조사한 것이다.
구체적으로 물고기 53종 외에 갑각류 8종, 패류 10여 종 등을 수
록하였다.

(2) 『자산어보(玆山魚譜)』

『자산어보(玆山魚譜)』는 우선 린류(鱗類), 무인류(無鱗
類), 개류(介類), 잡류(雜類)로 총 3권으로 구성되어 있다. 제1권 린
류(鱗類)에는 석수어(石首魚) 등 20항목, 제2권은 무인류(無鱗類)
및 개류(介類)로 무인류(無鱗類)에 19항목, 개류(介類)에 12항목, 그
리고 제3권은 잡류(雜類)로 해충, 해금, 해수, 해초 등의 4항목으
로 분류하였다.

대·소항목		표제어
린류(鱗類)	석수어(石首類)	大鮸(애우치), 鮸魚(민어), 踏水魚(조기)
	치어(鯔魚)	鯔魚(숭어), 假鯔魚(가숭어)
	로어(鱸魚)	鱸魚(농어)
	강항어(强項魚)	强項魚, 黑魚(감성돔), 瘤魚(혹돔), 骨道魚(닥도미), 北道魚, 赤魚(강성어)

대·소항목		표제어
린류(鱗類)	시어(鰣魚)	鰣魚(준치)
	벽문어(碧紋魚)	碧紋䰶(고등어), 假碧魚(가고도어), 海碧魚(배학어)
	청어(靑魚)	靑魚, 食鯖(묵을충), 假鯖(우동필), 貫目鯖
	사어(鯊魚)	鯊魚(상어), 膏鯊(기름상어), 眞鯊(참상어), 蟹鯊(게상어), 竹鯊(죽상어), 癡鯊(비근상어), 矮鯊(왜상어), 駢齒鯊(병치상어), 鐵剉鯊(줄상어), 驍鯊(모돌상어), 鏟鯊(저자상어), 鱸闟鯊(귀상어), 四齒鯊(사치상어), 銀鯊(은상어), 刀尾鯊(환도상어), 戟齒鯊(극치상어), 鐵甲將軍(철갑장군), 箕尾鯊(내안상어), 錦鱗鯊(총절입)
	금어(鈴魚)	黔魚(금처귀), 薄脣魚(볼낙어), 赤薄脣魚, 䫶魚(북제어), 釣絲魚(아구어), 螫魚(손치어)
	접어(鰈魚)	鰈魚(넙치가자미), 小鰈(가자미), 長鰈(혜대어), 羶鰈(돌장어), 痰鰈(해풍대), 牛舌鰈(서대)
	소구어(小口魚)	小口魚(사방어)
	도어(魛魚)	魛魚(웅어), 海魛魚(밴댕이)
	망어(蟒魚)	蟒魚(망어), 黃魚(대사어)
	청익어(靑翼魚)	靑翼魚(승대어), 灰翼魚(장대어)
	비어(飛魚)	飛魚(날치)
	이어(耳魚)	耳魚(노래미), 鼠魚(쥐노래미)
	전어(箭魚)	箭魚
	편어(扁魚)	扁魚(병어)
	추어(鯫魚)	鯫魚(멸치), 大鯫(정어리), 短鯫(반도멸), 酥鼻鯫(공멸), 杙鯫(말독멸)
	대두어(大頭魚)	大頭魚(대두어), 凸目魚(장동어), 螫刺魚(룽가리)

대·소항목		표제어
무린류(無鱗類)	분어(鱝魚)	鱝魚(홍어), 小鱝(발급어), 瘦鱝(간자), 靑鱝(청가오리), 墨鱝(묵가오리), 黃鱝(노랑가오리), 螺鱝(나가오리), 鷹鱝(매가오리)
	해만리(海鰻鱺)	海鰻鱺, 海鰻鱺(장어), 海大鱺(붕장어), 犬牙鱺(갯장어), 海細鱺(대광어)
	해점어(海鮎魚)	海鮎魚(바다메기), 紅鮎(홍달어), 葡萄鮎(포도메기), 長鮎(골망어)
	돈어(魨魚)	黔魨(검복), 鵲魨(까치복), 滑魨(밀복), 澁魨(까칠복), 小魨(졸복), 蝟魨(가시복), 白魨(흰복)
	오적어(烏賊魚)	烏賊魚(오징어), 鰇魚(고록어)
	장어(章魚)	章魚(문어), 石距(낙지), 蹲魚(죽금어)
	해돈어(海豚魚)	海豚魚(상광어)
	인어(人魚)	人魚(인어)
	사방어(四方魚)	四方魚(사방어)
	우어(牛魚)	牛魚(화절육)
	회잔어(鱠殘魚)	鱠殘魚(뱅어)
	침어(鱵魚)	鱵魚(공치), 裙帶魚(갈치), 鵠背魚(한새치)
	천족담(千足蟾)	千足蟾(천족담)
	어타(魚鮀)	魚鮀(해팔어)
	경어(鯨魚)	鯨魚(고래)
	해하(海鰕)	大鰕(대하)
	해삼(海參)	海參(해삼)
	굴명충(屈明蟲)	屈明蟲(굴명충)
	음충(淫蟲)	淫蟲(오만둥이)

『자산어보(玆山魚譜)』는 대항목과 소항목으로 분류하여 해당 물고기를 수록하고 있는데, 린류(鱗類)는 20항목 71종, 무인류(無鱗類)는 19항목 45종, 개류(介類)는 12항목 65종, 잡류(雜類)는 4항목 45종으로 총 55항목 226종을 기록하고 있다. 다만 비슷한 어종(魚種)은 하나의 항목으로 묶어 설명하고 있어 실제로 다루고 있는 어종(魚種)은 더욱 많다고 할 수 있다.

(3) 『난호어목지(蘭湖漁牧志)』

『난호어목지(蘭湖漁牧志)』는 '강어(江魚)'와 '해어(海魚)'의 분류 외에 '논해어말험(論海魚末驗)', '논화산미견(論華産未見)', '논동산미상(論東産未詳)' 등으로 특정 물고기를 분류하고 있다. 특히 강어(江魚)와 해어(海魚)에서는 주로 우리나라의 강이나 바다를 중심으로 살고 있거나 포획되는 물고기들을 대상으로 조사하였다. 그중 강어(江魚)의 경우 '川澤魚同見'이라 하여 하천과 연못의 물고기도 포함하였음을 알 수 있다.

분류	표제어
강어(江魚)	鯉(이어), 鰡(슝어), 鱸(노어), 鱒(독너올이), 鮒(붕어), 鮮節(남쟉어), 鰷(춤피리), 鯊(모리무즈), 杜父魚(줌무즈), 鰄(소갈어), 鯖魚(위어), 細魚(셔나리), 訥魚(누치), 鮮章魚(모쟝이), 赤魚(발강이), 葛多歧魚(갈담이), 銀口魚(은구어), 餘項魚(여항어), 眉叟甘味魚(미슈감미), 飛鯉魚(날피리), 赤鰓魚(불거지), 眼黑魚(눈검정이), 斤過木皮魚(쎡젹위), 箭魚(술치), 也回魚(야회어), 豚魚(돗고기), 迎魚(마지), 鰈魚(치리), 柳魚(벼들치), 堰負魚(둑지게), 袈裟魚(가亽어), 菊息魚(국식어), 鮎(머여이), 鱧(가물치), 鰻鱺魚(비얌쟝어), 鱮(드렁허리), 泥鰍(밋구리), 河豚(복), 黃頰魚(자가사리), 鱨絲魚(통쟈기), 氷魚(빙어), 鱵魚(공지), 僧魚(즁곡이), 文鞭魚(그리치), 望瞳魚(망동이), 鰊魚(밀어), 龜(거북), 鱉(자라), 黿(큰자라), 蟹(게), 蚌(가쟝자근죠기), 馬刀(몰심죠기), 蜆(가막죠기), 田嬴(울영이), 蝸嬴(달핑이)
해어(海魚)	石首魚(조기), 黃石首魚(황셕슈어), 鰵魚(민어), 鰝(쥰치), 勒魚(반당이), 禿尾魚(도미), 靑魚(비웃), 鰈(가즈미), 舌魚(셔디), 華臍魚(넙치), 魚昌(병어), 魴(방어), 年魚(년어), 松魚(송어), 錢魚(젼어), 黃魚, 鮮白魚(션비), 虎魚(범고기), 水魚(물치), 麻魚(삼치), 和尙魚(즁고기), 鱠代魚(횟디), 寶窟帶魚(보굴디), 鬱抑魚(울억이), 貢魚(공치), 林延壽魚(임연슈어), 羅赤魚(나젹어), 加魚(가어), 悅嗜魚(열셕어), 泥漣水魚(이연슈어), 牛拘秦魚(쇠꼬이고기), 潛方魚(잠방이), 軍牢魚(굴뇌고기), 眤睚魚(일이), 錨枕魚(닷벼기), 鯨(고리), 長鬚平魚(쟝슈피), 魛魦魚(내인), 沙魚(샹어), 海豚魚(슈욱이), 蒸魚(증어), 升魚(승어), 人魚(인어), 文鰌魚(날치), 海鰻鱺(비얌쟝어), 葛魚(칼치), 夗魚(디구), 明鮐魚(명티, 북어), 古刀魚(고등어), 鼠魚(쥐치), 彈塗魚(쟝뚱이), 銀魚(도로목), 海鷂魚(가오리), 洪魚(무럽), 靑障泥魚(쳥다리), 繡鯤魚(슈거리), 鮧鰍(몃), 烏賊魚(오젹어), 柔魚(호독이, 꼴독이), 章魚(문어), 石距(낙지), 望湖魚(죽근이), 水母(물암), 海蔘(히삼), 鰕(시우), 玳瑁(디모), 鰒(싱복), 海蚌(바다긴죠기), 文蛤(디합죠기), 白蛤(모시죠기), 蛤蜊(춤죠기), 蟶蟷(함진죠기), 車螯(가쟝큰기), 蚶(강요쥬), 淡菜(홍합), 蠣(가리맛), 牡蠣(굴조기), 海蠃(홉힙)

분류	표제어		
	海魚未驗(해어미험)	華産未見(화산미견)	東産未詳(동산미견)
그 외	鱣(전), 鱘(심), 鮪(유), 牛魚(우어), 鮠(외), 馬鮫魚(마교어), 堅魚(견어), 鱠殘魚(회잔어), 海馬(해마)	鰤(서), 鱅(용), 鯇(환), 靑魚(청어), 白魚(백어), 鯊(사), 鱤(감), 黃鯝魚(황고어), 金魚(금어), 鯛(조), 鱟(후)	擔羅(탐라)

 『난호어목지(蘭湖漁牧志)』에서는 강어(江魚) 55종, 해어(海魚) 78종, 증험하지 못한 고기 9종, 중국에서 발견되지 못한 고기 11종, 그리고 동양의 물고기로 확실하지 않은 1종, 총 154종을 다루고 있다.

 위의 『우해이어보(牛海異魚譜)』, 『자산어보(玆山魚譜)』, 『난호어목지(蘭湖漁牧志)』 3종의 전문 물고기 백과사전을 살펴보면 물고기 이름 표기의 종류로는 '표제어, 속명(俗名), 이명(異名), 방언' 등이 있다. 그중 표제어의 경우 『우해이어보(牛海異魚譜)』와 『자산어보(玆山魚譜)』는 한자어로 표기하고 『난호어목지(蘭湖漁牧志)』는 한자표기 밑에 소자쌍행(小字雙行)으로 한글 표기를 겸하고 있다. 속명(俗名)의 경우 『우해이어보(牛海異魚譜)』에서는 '일명(一名)', '속언(俗言)', '위지(爲之)'등으로 표기하고 있고 『자산어보(玆山魚譜)』에서는 '속명(俗名)', '속운(俗云)', '위지(爲之)' 등의 방법으로 표기하고 있으며 『난호어목지(蘭湖漁牧志)』에서는 '일명(一名)', '우명(又名)', '금지(今之)', '혹칭(或稱)', '속호(俗乎)' 등의 방법으로 물고기 이름을 표기하고 있다.

3) 조선 시대 한자 사전류

(1) 『훈몽자회(訓蒙字會)』

『훈몽자회(訓蒙字會)』는 1527년 최세진(崔世珍)이 어린 이들의 한자 학습을 위하여 지은 책으로 상·중·하 3권으로 되어 있다. 물고기의 명칭어는 하권의 '잡어(雜語) 린개(鱗介)'에 수록되어 있다.

린개(鱗介)	고래(鯨鯢), 련어(鰱), 방어(魴), 비얌당어(鰻鱺), 묏구리(鰍), 드렁허리(鱓), 부어(鮒鯽), 소과리(鱖), 쥰티(鱒), 슈어(鰡), 비어(鱗), 비웃(鯖), 가모티(鱧), 복(魺, 魨), 메유기(鮎, 鮸), 상엇(鯊), 로어(鱸), 조긔(鯼), 리어(鯉)

(2) 『신증유합(新增類合)』

『신증유합(新增類合)』은 1576년 유희춘(柳希春)이 『유합(類合)』을 증보하고 수정하여 편찬한 한자 입문서이다. 총 2권 1책으로 권상에 '수목(數目), 천문(天文), 중색(衆色)' 등 24항목, 권

하에 '심술(心術), 동지(動止), 사물(事物)' 3항목의 한자를 수록하
였다. 물고기의 명칭어는 권상 '린개(鱗介)'에 수록되어 있다.

린개(鱗介)	수고래(鯨), 암고래(鯢), 젼어(鱣), 유어(鮪), 로어(鱸), 리어(鯉)

(3)『자류주석(字類註釋)』

　　『자류주석(字類註釋)』은 1856년 정윤용(鄭允容)이 지은
자전(字典)으로 상하 2책으로 상권은 '천도부(天道部), 지도부(地道
部), 인도부 상(人道部上)', 하권은 '인도부 하(人道部下), 물류뷰(物
類部)'로 나뉘어 있다. 물고기의 명칭어는 물류부(物類部)의 '어별
류(魚鼈類)'에 수록되어 있다.

어별류 (魚鼈類)	고리(鯨, 鯢), 미기리(鮜), 심어(鱘, 鱏), 리어(鯉, 鮦, 鯇), 쥰어(鱒), 슈어(鮂), 됴어(鰷), 방어(魴, 鯿, 鮅, 鱯), 련어(鰱, 鱮, 鮊), 쥰치(鰣), 죠긔(鮍), 황셕어(鮸), 쳥어(鯖), 부어(鯽, 鮒, 鰂), 위어(䰵, 魛, 鮤, 鱭), 복싱션(鮐), 복(鯸, 鯻, 鮧, 鮭, 鮱), 쑈가리(鱖), 색젹이(鰤), 모리문이(鯊, 鮀), 미여기(鮎), 오머여기(鯷, 鮧, 鱧), 연어(鰱), 민어(鮸), 디구(杲), 가물티(鱧, 鮦, 鯉, 鯇), 비얌쟝어(鰻, 鱺), 드렁허리(鱓), 미지리(鱷), 비목어(鰈, 魶, 鰜, 魼), 젼어(鱣, 鮪), 황어(鰉), 유어(鮪), 금어(鱠), 루어(鱨), 황상어(鱨), 쟉어(鮹), 졀어(鱴), 빅어(鮊), 졉어(鮻), 졔어(鱭), 병어(鯧), 공지(鱴), 홍어(鱝), 쟝어(鱆), 쇼쳔어(鱊), 송스리(鯫)

4) 근대 시기 한자 사전류

(1)『국한문신옥편(國漢文新玉篇)』

1908년 정익로(鄭益魯)가 지은『국한문신옥편(國漢文新玉篇)』은 표제자의 뜻을 한글로 표기한 최초의 한국 자전이다.『국한문신옥편(國漢文新玉篇)』에서 물고기 명칭어는 '어(魚)'부(部)에서 수록되어 있다.[5]

가재미(魪, 鰈, 鰜), 부어(鮒, 鯽, 鱝), 칼치(鮆), 복어(鮐, 鮭), 미어기(鮎), 빅어(鮊), 메억이/메역이(鮧, 鰋), 리어(鯉, 鱓), 사어(鯊), 고래(鯢, 鯨), 청어(鯖), 밋구라지(鰍), 쥰치(鰣), 비어(鰩), 쏘가리(鱖), 비암쟝어(鱓, 鱔, 鱺), 감을치(鱧)

---

(2)『자전석요(字典釋要)』

1909년 지석영(池錫永)에 의해 편찬된『자전석요(字典釋要)』는 상하로 나뉘어 있고, 1획부터 4획까지, 하권은 5획부터 17획까지의 부수자를 배치하고 있다. 이 중 물고기 명칭어는 11획 '어(魚)' 부수자에 수록되어 있다.

5 한국 근대시기 한자 사전류에서 물고기 명칭어들은 모두 '어(魚)'부(部)에 수록되어 있다.

자가사리(魢, 魠, 鮍, 鱅, 鱤), 우어(魛, 鮆, 鮤, 鱭, 鱴), 망둥이(魧), 방어(魴, 魾, 鯿), 가자미(魪, 魼, 鯜, 鰈, 鰜, 鰨, 鱋), 복생선(魨, 鮭, 鮔, 鯆, 鯙, 鰗, 鰃, 䱜), 모래무지(魦, 鮀), 전어(鮁), 준치(魱, 鰫, 鰣), 머여기(魶, 鮎, 鮷, 鯷), 부어(鮒, 鯽), 상필이(鮅), 천징어(鮂), 가물치(鮦, 鮦, 鱧), 상어(鮫, 鯊, 魦, 鰆, 鱀), 소가리(鮬, 鯞, 鱖), 준치(鰣), 민어(鮰), 리어(鯉, 鯇, 鱓), 조기(鮸, 鯮, 鰀), 황석이(鮪), 고등어(鯖), 송사리(鯫), 병어(鯧), 배암장어(鰑, 鰻, 鱺), 수어(鯔), 밋구리(鰍, 鰼), 나는고기(鰩), 멸치(鰯), 련어(鰱, 鱮), 뱅어(鰷, 鱎), 대구(鱫, 鱈), 쏠독이(鱆), 드렁허리(鱓, 鱔), 고래(鱷), 가오리(鱝), 공치(鱵), 로어(鱸)

(3) 『한선문신옥편(漢鮮文新玉篇)』

1913년 현공렴(玄公廉)이 편찬한 『한선문신옥편(漢鮮文新玉篇)』은 『국한문신옥편(國漢文新玉篇)』의 체계를 그대로 유지하면서 한자로 기술한 부분 앞에 한글로 첨가하여 완전한 한글 뜻풀와 한글 해석의 독립적 지위를 확보하였다. 전체 내용은 상하권으로 구성되어 있고 물고기의 명칭어는 하권 '어(魚)'부에 수록되어 있다.

ᄌᆞ가사리/자가사리(魢, 魠, 鮍, 鱅, 鰽, 鱤, 鱧), 우어(魛, 鮆, 鮤, 鱭, 鱴), 망둥이(魧), 방어(魴, 魾), 가자미(魪, 魼, 鯜, 鰈, 鰜, 鰨, 鱋), 복싱션(魨, 鮈, 鮐, 鮐, 鮭, 鮠, 鮔, 鯆, 鯙, 鰗, 鰃, 䱜), 모ᄅᆡ무지(魦, 鮀, 鯊), 준치(魱), 미어기(魶, 鮎, 鮧, 鮷, 鯷), 부어(鮒, 鯽), 색경이(鮂), 가물치(鮦, 鰑, 鮦, 鱧, 鱻), 상어(鮫, 鰆, 鱀), 쏘가리(鮬, 鯞, 鱖), 준치(鰣, 鰫, 鰣), 민어(鮰), 리어(鯉, 鯇, 鱓), 조긔(鮸, 鯮, 鰀), 황석이(鮪), 숑ᄉᆞ리(鯫), 도미(鯛), 병어(鯧), ᄇᆡ암쟝어(鰑, 鰻, 鰳, 鱺), 슈어(鯔), 밋구리(鰍, 鰌, 鰼), 멸치(鰯), 련어(鰱, 鱮), 빙어(鰷, 鱎), 대구(鱫, 鱈), 드렁허리(鱓), 실뱅어(鱎), 고ᄅᆡ(鱷), 가오리(鱝), 공치(鱵), 로어(鱸)

(4) 『신자전(新字典)』

1915년 최남선(崔南善)에 의해 편찬된 『신자전(新字典)』은 총 214부수에 따라 총 4권(제1권: 一부수~彳부수, 제2권: 心부수~犬부수, 제3권: 玉부수~而부수, 제4권: 見부수~龠부수)으로 나누어 배분되어 있다. 물고기의 명칭어는 '어(魚)' 부수에 수록되어 있다.

가자미/가사미(魵, 鰈, 鰜), 복(魨, 鮐), 가물치(鮫, 鮦, 鱧), 방어(鲂), 붕어(鮒, 鯽), 피람이(鮴), 곤어(鮌, 鯀), 모래무지(鮀, 鯊, 鯰), 메기(鮎, 鯷, 鰋, 鱗), 우럭이(鮊), 쏘가리(鮬, 鯻), 상어(鮻, 鯌), 잉어(鯉), 피리(鰷, 鰺), 제어(鰤), 고래(鯨), 송사리(鯫), 숭어(鯔), 조긔(鮧), 링어(鯘), 병어(鯿), 하어(鰕), 미꾸리(鰍), 준치(鰣), 환어(鰥), 뱀장어(鰑, 鱺), 젼어(鱄, 鱅), 련어(鰱, 鰻), 붕어(鮒), 두렁허리(鱓, 鱔), 심어(鱏, 鱘), 우럭이(鱊), 머리치(鱭), 날치(鱠), 남작이(鱴), 롱어(鱸)

위의 조선 시대와 근대 시기 한자 사전류에 나오는 물고기 명칭어를 살펴보면 대부분 독립된 단순 명칭어로, 앞의 자료들과 시기가 다르지만 수록된 물고기 명칭어의 특성은 비슷하다. 오늘날의 자료에서도 물고기 명칭어는 대동소이하다.[6] 이는 사전류에 수록되어 있는 한자의 훈(訓)이 크게 변화 없이 새로 나온

---

6 신기철·신용철의 『새우리말큰사전』(1978)에 수록된 물고기 명칭어는 900여 항목에 이르며 남영신의 『우리말분류사전』(1987)에는 450여 항목, 박용수의 『우리말 갈래사전』(1989)에는 280여 항목의 물고기 명칭어가 나온다.

신자(新字) 이외에는 거의 그대로 이어져 오는 경우가 많기 때문
이다.

　이러한 물고기 이름의 분류는 현재 여러 학자들에 의해 대체
로 상위·하위 구별 표지에 따른 분류, 접미사에 따른 분류, 어종
(魚種)·음절·조어 방식 등의 형식 유형과 형태·속성 등의 의미 유
형에 따라 나누어져 있고, 이전의 물고기 이름은 서식지에 따른
'수족(水族), 린개(鱗介), 충어류(蟲魚類)' 등과 같이 나누어져 있으
며, 근대 시기 이후의 자료에서는 사전류로 모두 '어(魚)'부수에
귀속되어 수록되어 있음을 알 수 있다.

제2부

물고기야

1장

봄[春]

1. 조기(助氣)

1) 조기의 어원 및 유래

　조기(Micropogonias Undulatus)는 민어과에 속하는 바닷물고기의 총칭으로 참조기·보구치·수조기·부세·흑조기 등이 이에 속한다. 참조기는 몸이 길고 옆으로 납작하며, 꼬리자루가 가늘고 길다. 몸빛은 회색을 띤 황금색이며, 입이 홍색을 띠고 있는 점과 새강(鰓腔) 및 장간막(腸間膜)이 흑색인 점이 민어속과 구별되는 큰 차이점이다. 주로 경상북도 이남의 동해와 서남 연해에 분포하고, 중국·대만 연해에도 분포한다.[1]

조기

1　[네이버 지식백과] 조기 (한국민족문화대백과, 한국학중앙연구원)

조기는 우리나라 사람들이 가장 좋아하는 어류(魚類)로 늘 1위를 차지하는 물고기다. 이토록 조기가 사람들에게 사랑을 받는 이유는 무엇일까? 아마도 '조기'라는 이름이 갖는 의미 때문인지도 모른다.

조기의 이름은 원래 한자로 '석수어(石首魚)', '석어(石魚)', '종어(鯼魚)' 등으로 표기하고 있다. 이 중 석수어(石首魚)와 석어(石魚)는 조기의 머리 부분에 돌과 같은 이석(耳石)이 있어서 붙여진 이름이고, 종어(鯼魚)는 물고기 중 '으뜸'이라는 뜻의 '종어(宗魚)'에서 유래되어 '종어(宗魚)'의 이름이 급하게 발음되어 '조기'로 변했다고 한다.[2] 이후 우리말로 '조기'라고 부르게 되자 '사람의 기를 돕는 물고기'라는 뜻으로 '조기(助氣)'라고 칭하였다.[3] 현재 우리가 사용하고 있는 조기를 『표준국어대사전』에서 살펴보면

2 종(宗): 면(宀)과 시(示)로 구성되어, 조상의 위패를 모신 제단이 설치된 집, 즉 '종묘'를 말하며, 이로부터 '동일 종족'이나 '가족, 종파, 종갓집' 등을 말하게 되었고, 다시 '으뜸, 정통' 등의 뜻이 나왔다. (하영삼, 『한자어원사전』, 도서출판3, 2014.)

3 조기(助氣)는 조선 영조·정조 때의 문신 이의봉(李義鳳)의 『고금석림(古今釋林)』(1789)에서 석수어(石首魚)의 속명으로 '조기(助氣)'라는 명칭이 처음 나온다. 조기(助氣)는 '도울 조(助)'와 '기운 기(氣)'의 한자로 우리말로 해석하면 '사람의 기운을 복 돋아주는 것'이다.

다음과 같이 설명하고 있다.

> 민어과의 보구치, 수조기, 참조기 따위를 통틀어 이르는
> 말이다. 몸의 길이는 40㎝ 정도이며 잿빛을 띤 은색이고
> 광택이 있다. 황해에서 많이 나며 식용한다.

『표준국어대사전』에서도 조기 이름의 준말로 '석수어(石首魚)', '석어(石魚)', '종어(鯮魚)'라는 이름이 기록되어 있고, 그 아래 한글 조기의 어원이 '조기<조긔<조기'라는 설명도 있다. 그렇다면 어떠한 변화를 통해 현재 '조기'라는 이름으로 불리게 되었을까?

현대 국어 '조기'의 옛말인 '조기'는 15세기 문헌에서부터 나타난다. 16세기에는 제2음절 이하에서 모음 'ㆍ'가 'ㅡ'로 변화하는 이른바 'ㆍ'의 제1단계 소실에 따라 '조기'가 '조긔'로 변화하였다. 문헌상으로는 19세기까지도 '조긔' 형태만이 나타나는데, 근대국어 후기에 자음 뒤에서 이중모음 'ㅢ'가 'ㅣ'로 변화하는 경향에 따라 현대 국어와 같은 '조기' 형태가 등장하게 된 것이다.

조기에 대한 구체적인 설명은 서유구(徐有榘)의 『난호어목지(蘭湖漁牧志)』에서 그 내용을 살펴볼 수 있다.

석수어(石首魚) [조긔] 몸이 납작하고 비늘이 잘다. 등마루가 엷은 검은색이며 몸 전체가 누른빛 도는 흰색인데 윤기가 난다. 머리에 흰 돌이 2개가 있는데 옥처럼 반짝인다. …(중략)… 동해에서는 나지 않고 오직 서해와 남해에서만 난다. 곡우 전후에 무리를 이루고 떼를 지어 남해에서 서쪽으로 빙 돌아 올라온다. 때문에 조기잡이는 호남의 칠산에서 시작해서 황해도의 연평도 바다에서 왕성하며 관석의 덕도 앞 먼 바다에서 끝난다. 이곳을 지나면 중국 등래의 바다로 들어간다. …(후략)… (身扁鱗細, 脊淡黑, 通身黃白滋潤. 首有白石二枚, 瑩潔如玉. …(中略)… 我東東海無之, 惟産西南海. 穀雨前後, 成群作隊, 自南迤西. 故其漁之也, 始自湖南之七山, 盛于海西之延平海, 終于關西之德島前洋. 過此以往, 入登萊之海矣. …(後略)…)

『난호어목지(蘭湖漁牧志)』에서는 '석수어(石首魚)'를 표제자로 기록하고 한글로 '조긔'라고 쓰여 있다. 『난호어목지(蘭湖漁牧志)』의 기록을 보면 '석수어(石首魚)'라는 이름은 '머리에 돌이 두 개가 들어 있기 때문'에 붙여진 이름임을 알 수 있다. 그리고 조기는 곡우(穀雨)를 전후해 이동을 시작하고 조기잡이의 시작이

영광 칠산 바다임을 확인해 주고 있다.[4]

　석수어(石首魚)의 이름은 『난호어목지(蘭湖漁牧志)』보다 앞선 시기의 『우해이어보(牛海異魚譜)』, 『자산어보(玆山魚譜)』등의 고문 헌에서도 나타나는데 대부분 '석수어(石首魚)'를 '조긔'라고 하고 '면어(鮸魚)'와 '민어(民魚)'는 '민어'로 구분하고 있다. 그래서 '석 수어(石首魚)'는 '조기'로 한정하는 물고기 이름이라 할 수 있다. 특히 석수어(石首魚)는 고문헌에서 '몸은 옆으로 납작하고 비늘 이 작으며 등 쪽은 옅은 흑색이나 전체는 황백이며 머리에는 흰 돌 2개가 있다.'라고 기술되어 있는데 이러한 특징은 오늘날의 '참조기'를 생각할 수 있다.[5] 그래서 옛 석수어(石首魚)에 해당하

————

4　'석수어(石首魚)'라는 이름은 15세기에 간행된 『동국여지승람(東國輿地勝 覽)』과 『향약집성방(鄕藥集成方)』에도 나타나는 것으로 보아 우리나라에 서 꽤 오래전부터 조기를 '석수어(石首魚)'로 불렀던 것 같다. 그리고 중 국 명(明)나라 이시진(李時珍·1518~1593)이 편찬한 『본초강목(本草綱目)』 에서 '석수어(石首魚)'라는 이름이 등장하는 것으로 볼 때 우리나라뿐만 아니라 중국 명나라에서도 조기를 '석수어(石首魚)'라는 이름으로 동일 하게 불렀던 것 같다.

5　정문기는 『한국어도보』에서 참조기에 대해 다음과 같이 요약하였다. 민어속에 해당하며 방언은 '참조기, 노랑조기, 황조기(黃石首魚)' 등이다. 몸은 연장되었고 꼬리자루가 아주 가늘고 길며 측편되어 있다. 몸 빛깔 은 회색을 띤 황금색이고 등지느러미 연조부와 뒷지느러미 전체에는 작은 비늘이 있다. 전장이 300㎜이고 우리나라 서·남해에 분포한다.

는 오늘날의 어종(魚種)은 '참조기'로 지목할 수 있다.

중국에서는 조기를 '황어(黃魚, huángyú)'라고 한다. 달리 '황화어(黃花魚, huánghuāyú)'라고도 하는데 조기의 비늘이 노르스름한 빛깔을 띠고 있어서 '누를 황(黃)'자를 사용하여 조기의 이름에 붙였다. 중국에서 황어(黃魚)는 북에서 황하 남쪽에 걸쳐 널리 분포하고 주로 봄과 가을에 가장 많이 나타난다. 그래서인지 중국에서 황어(黃魚)는 새해, 단오절 등의 명절에 사용되며 중국 특유의 지방색을 가진 어류(魚類)로서 오랫동안 소비자들의 사랑을 받고 있는 물고기이다.

일본에서는 조기를 'イシモチ(石持·石首魚)', 'グチ'라고 한다. 'イシモチ'는 조기 머릿속에 '이석(耳石)'이라는 돌 같은 뼈를 가진 데서 붙여진 이름이다. 표준일본명은 'シログチ'인데 이 이름은 일본 사람들이 'イシモチ'를 낚아 올리면 부레를 사용하여 'グーグー' 운다고 하여 グチ(愚痴 : 푸념)가 마치 푸념을 하는 것처럼 보이기 때문에 'グチ(愚痴)'라고도 부르는데 이러한 조기는 일본의 관동지방과 관서지방에서 서로 다르게 부른다. 관동지방에서는 조기와 민어를 통칭하여 'イシモチ'라 부르고 관서지방에서는 'シログチ'라고 불리는 경우가 많다.

서양에서는 조기라 하면 보통 굴비를 만드는 참조기를 말한다. 그래서 영어로 조기는 'Yellow Croaker'이다. 'Yellow'는 조기의 몸 빛깔이 노란 계열이라 조기의 색을 나타낸 것이고, 동사 'croak'은 조기가 떼를 지어 우는 것이 마치 개구리처럼 '개골개골' 운다는 뜻에서 붙여진 것이다.

2) 조기 이름의 종류와 의미

조기는 우리나라 서남해 일대에 서식하는 물고기로 일반적으로 참조기를 말한다. 조기의 산란기는 5~8월로 곡우(穀雨)를 전후하여 떼를 지어 남쪽에서 서쪽으로 회유하기 때문에 '곡우살 조기', '오사리 조기'라고 하며 조기의 몸 빛깔에 따라 '노랑조기', '황(黃)조기'라고도 한다. 그리고 그물을 던져 잡은 조기라 하여 '투망(投網) 조기'라고도 부른다.

조선 영조 때 언어학자 황윤석(黃胤錫)의 『화음방언자의해(華音方言字義解)』에 의하면 조기의 우리말은 머릿속에 단단한 뼈가 있어 '석수어(石首魚)'인데 중국명인 '종어(鰻魚)'라는 음이 급하게 발음되어 '조기'로 변했다 한다. 그러나 조기를 급하게 발음하여도 '조긔'의 음으로 인식하기는 어렵다.[6]

---

6 '종(鰻)'자는 『훈몽자회(訓蒙字會)』에서 '조기 종'이라 하고 '석수어(石首魚)'라고 표기되어 있다. 이 '석수어(石首魚)'는 『송남잡지(松南雜識)』에서도

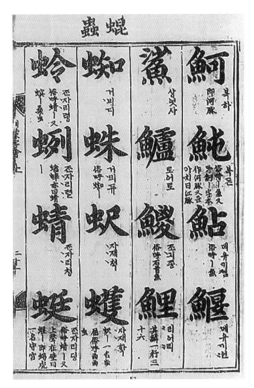

훈몽자회 종(鯮)[사진 곽현숙 소장]

정약전(丁若銓)은 『자산어보(玆山魚譜)』에서 석수어(石首魚)에

나타나는데 머리에 돌이 있어 붙여진 이름이라고 한다. 그리고 『송남잡
지(松南雜識)』에서는 종어(鯮魚)의 '종(鯮)' 음이 조기로 변했다고 한다.

속하는 어류(魚類)로 '대면(大鮸)', '면어(鮸魚)', '추수어(䲉水魚)'를
들고, 추수어(䲉水魚) 중 조금 큰 것을 '보구치(甫九峙)', 조금 작은
것을 '반애(盤厓)', 가장 작은 것을 '황석어(黃石魚)'라고 하였다.
또 '건석수어(乾石首魚)'를 '상(鯗)' 또는 '백상(白鯗)'이라고 소개했
고, 석수어(石首魚) 가운데 작은 녀석은 '추수(䲉水)' 또는 '춘수(春
水)'로, 황석어(黃石魚)는 '황영(黃靈)' 또는 '황화어(黃花魚)' 등으로
부른다고도 했다. 대면(大鮸)의 큰 것은 주척(周尺)으로 10척 남짓
하다고 하였고 그 모양은 면어(鮸魚)와 유사한데 빛깔이 황흑색
(黃黑色)이라고 하였다.[7]

이의봉(李義鳳)의 『고금석림(古今釋林)』에서는 석수어(石首魚)의

_____

7 추수어(䲉水魚)에 대해서는 "큰놈은 1척 남짓하다. 모양은 면어(鮸魚)와
   유사하나 몸이 작으며, 맛은 면어(鮸魚)와 유사하나 더욱 담백하고, 용
   도는 면어(鮸魚)와 같다. 알은 것을 담그는 데 좋다. 흥양(興陽) 바깥 섬
   에서는 춘분(春分) 뒤에 그물로 잡고, 칠산해(七山海)에서는 한식(寒食)
   뒤에 그물로 잡고, 해주 전양에서는 소만(小滿) 뒤에 그물로 잡는다. 흑
   산 바다에서는 6~7월 밤에 낚기 시작한다. (물이 맑기 때문에 낮에는 낚시를
   물지 않는다.) 산란이 이미 끝났으므로 맛이 봄 것보다 못하여 어포로 만
   들어도 오래 가지 못한다. 가을이 되면 조금 낫다. 때를 따라 물을 쫓
   아오므로 추수어(䲉水魚)라 한다. (大者一尺餘. 狀類鮸而體稍狹. 味亦似鮸而尤
   淡. 用如鮸, 卵宜醢. 興陽外島, 春分後網捕, 七山海中, 寒食後網捕, 海州前洋, 小滿後
   網捕; 黑山海中, 六七月始夜釣[水淸故晝不呑釣]. 已盡産卵, 故味不及春魚者, 腊之不
   能耐久, 至秋稍勝.)

속명이 '조기(助氣)'인데 이는 사람의 기(氣)를 도우는 것이라고 하였다. 또한 조기를 '천지어(天知魚)'라고도 하였는데 이는 조기를 말려 굴비를 만들 때 항상 옥상에서 말리나 접동새나 고양이가 감히 이를 취하여 먹을 수가 없는 물고기라 붙여진 이름이다.

이만영(李晩永)의 『재물보(才物譜)』에서는 석수어(石首魚)를 '석두어(石頭魚)', '황화어(黃花魚)'로 부르기도 하고, 『경세유표(經世遺表)』(1817)에서는 석수어(石首魚)의 속칭으로 '석어(石魚)'라 하였으며, 『아언각비(雅言覺非)』에서는 이 석어(石魚)가 '준수어(蹲水魚)'와 동칭어로 나온다. 그리고 『아언각비(雅言覺非)』에서는 준수어(蹲水魚)와 석어(石魚)의 속명이 '조기(曹基)'라고도 하였는데 속명으로 나오는 '조기(曹基)'와 '조기(曹機)', '조기(助氣)'는 한자음이 모두 '죠긔'형으로 귀결되는 점에서 이들 한자어는 '죠긔'의 음독 표기라 할 수 있다.

이처럼 우리나라에서 조기는 '참조기', '노랑조기', '황조기', '오사리 조기'[8], '곡우살 조기'[9] 등 다양한 이름으로 불렸는데 한국의 조기 이명(異名)을 정리하면 다음과 같다.

8 곡우절(양력 4월 20일)에 잡힌 조기
9 곡우절(양력 4월 20일)에 잡힌 조기

한국의 조기 이명(異名)

분류	종류	설명	비고
차음	종어(宗魚)	조선 왕조 때 어느 임금이 용봉탕(龍鳳湯)의 용(龍)을 대신하다는 뜻에서 물고기 중의 으뜸이라는 뜻에서 유래.	전설
	종어(鯼魚)[10]	종어(宗魚)의 발음에서 유래.	『화음방언자의해』
	조기(曹基)	준수어(蹲水魚)와 석어(石魚)의 속명.	『아언각비』
	조기(曹機)	준수어(蹲水魚)의 속명.	『자산어보』
차훈	천지어(天知魚)	조기는 난류성 회귀어종이어서 제주도에서 법성포를 거쳐 연평도까지 이동하는데 수 킬로미터에 걸쳐 떼로 몰려오면서 우는 소리가 천 둥치는 소리와 같아서 하늘에서 조기가 간다고 알려주는 것이라 여기며 '천지어(天知魚)'라고 불렀다는 것.	
	조기(助氣)	석수어(石首魚)의 속칭. 사람의 기운을 복돋아 주는 생선이라 하여 '도울 조(助)'자와 '기운 기(氣)'자가 결합되어 붙여진 이름.	『고금석림』
형상	석수어(石首魚)	머리에 돌이 두 개가 들어 있기 때문에 붙여진 이름.	『우해이어보』
	석두어(石頭魚)		『재물보』
	석어(石魚)	석수어(石首魚)의 속칭.	『경세유표』

10 『물명고(物名攷)』에서 '종(鯼)'은 강과 호수에 사는데, 둥글면서 두텁고
길며, 배는 조금 볼록하고, 이마가 납작하며 주둥이는 길고, 입은 턱
아래에 있으며, 비늘이 자잘하고 배는 흰색이며, 등은 옅은 누런색이
니, 세상에서 '석어(조기)'라고 일컫지만 아니다. (鯼: 江湖, 圓厚而長, 腹稍
起, 扁額長喙, 口在頷下, 細鱗腹白, 背微黃色, 俗稱石魚, 非.)

분류	종류	설명	비고
크기	황석어(黃石魚)	황석수어(黃石首魚)의 약칭이며 오늘날 '황강다리'로 파악됨.	『자산어보』
	대면(大鮸)	속명 '애우질(艾羽叱)'이라고 함.	『아언각비』
	면어(鮸魚)	속명 '민어(民魚)'라고 함.	『자산어보』
	추수어(䲙水魚)	속명 '조기(曹機)'라고 함. 추수어(䲙水魚) 중 조금 큰 것을 '보구치(甫九峙)', 조금 작은 것을 '반애(盤厓)', 가장 작은 것을 '황석어(黃石魚)'라고 함.	『자산어보』
성질	추수어(䲙水魚)	때를 따라 물을 쫓아오는 것에서 붙여짐 이름.	『자산어보』

이 외에도 한국에서는 조기의 방언으로 '조구(경남, 전라, 평안), 쪼기(경북, 충북), 쪼구(경상, 충북, 중국 흑룡강성), 조구-태기(전남), 조고(전라), 보건치(제주), 조구이(평남), 얘리(평북, 함남), 쭈끼(함경), 조게(황해)' 등이 있고 수조기의 방언으로 '북조기', 보구치의 방언으로 '녹조기, 신조기, 흰조기, 청조기' 등이 있다.

중국에서 조기는 '대황어(大黃魚)'와 '소황어(小黃魚)', '매자어(梅子魚)', '황고어(皇姑魚)', '백민자어(白敏子魚)', '흑민자어(黑敏子魚)', '백각자어(白殼子魚)', '동라어(銅鑼魚)' 등으로 나뉜다. 그 중 우리가 말하는 일반적인 조기는 '대황어(大黃魚)', '소황어(小黃魚)', '매자어(梅子魚)' 3종이고, 이 중 '대황어(大黃魚)'와 '소황어

(小黃魚)'는 중국 4대 해양 품종의 하나이다.[11]

대황어(大黃魚)는 지역에 따라 '대선(大先)', '금룡(金龍)', '황과어(黃瓜魚)', '홍과(紅瓜)', '황금룡(黃金龍)', '계화황어(桂花黃魚)', '대왕어(大王魚)', '대황어(大黃鯗)'라고도 한다. 소황어(小黃魚) 역시 지역에 따라 '매자(梅子)', '매어(梅魚)', '소왕어(小王魚)', '소선(小先)', '소춘어(小春魚)', '소황과어(小黃瓜魚)', '후린자(厚鱗仔)', '화어(花魚)'라고도 한다. 그리고 매자어(梅子魚)는 녕파(寧波)에서 '매자(梅子)', 광동(廣東)에서 '매동(梅童)', 대련(大連)에서 '대두보(大頭寶)'라고도 칭한다.[12] 심지어 중국 대련(大連)에서는 조기를 '황화어(黃花魚), 소황화어(小黃花魚), 대두보어(大頭寶魚)'로 나누어 부르고 있다.

이처럼 중국에서도 조기를 지칭하는 이름은 조기의 형상, 색상, 성질, 등에 따라 다양하게 나타나고 지역마다 조기를 부르는 이름도 각양각색이다. 중국의 조기 이명(異名)을 정리하면 다음과 같다.

---

11 중국의 4대 해양 품종은 '대황어, 소황어, 오징어, 갈치'이다.

12 朱振樂, 大黃魚人工育苗技術[J]. 上海海洋大學學報, 2000, 9(2): 1004-1007.

중국의 조기 이명(異名)

분류	종류	설명	비고
형상	石首魚 [shíshǒuyú]	조기의 머리에 있는 이석(耳石) 때문에 붙여진 이름.	
	石頭魚 [shítouyú]		
색상	黃魚 [huángyú]	비늘 빛깔이 누렇기 때문에 붙은 이름.	해어(海魚)
	黃花魚 [huánghuāyú]		강어(江魚)
소리	黃瓜魚 [huángguāyú]	조기의 울음소리가 '呱呱'소리 때문에 붙여진 이름.	
크기	大黃魚 [dàhuánghu]	크기에 따라 붙여진 이름.	
	小黃魚 [xiǎohuánghu]		
	梅子魚 [méiziyú]		
기타	黃靈 [huánglíng]	'黃靈'은 중국어로 '황제'를 의미하는데, 조기가 물고기 중에 최고로 여겼기에 붙은 이름.	『본초강목』

　　반면 일본에서는 조기를 전국적으로 부르는 통일된 이름이 없다. 왜 그럴까? 일본에서 조기는 중요한 물고기가 아니기 때문이다. 그래서 일본 관동지방에서 부르는 이름과 관서지방에서 부르는 이름이 서로 다르다. 앞의 조기의 어원 및 유래에서 살펴본 바와 같이 일본 관동지방에서는 조기를 'イシモチ(石持·石首魚)'라고 하고, 오사카를 비롯한 관서지방에서는 조기를 'シログチ(白口)'라고 부른다. 그런데 'シログチ(白口)'는 정확하게 말하

면 우리나라에서 보구치와 백조기를 일컫는 말이다.

 그렇다면 우리나라 사람들이 즐겨 먹는 참조기는 일본에서 어떻게 부를까? 『일본대백과전서(日本大百科全書)』에는 참조기에 대한 표제어가 'キグチ'로 되어있고 뒤에 'キングチ'라고도 적혀 있다. 그리고 일본어로 'きんぐち(金石魚)'라고 한다. 여기서 'グチ'나 'ぐち'는 한자로 '愚痴'라고 쓰는데 '푸념하다', '넋두리하다'라는 뜻이다. 이를 그대로 해석하면 일본에서 조기는 '푸념하는 물고기'이다. 일본에서 조기를 'ぐち(愚痴)', 즉 '푸념하다'라는 뜻의 이름으로 부르게 된 것일까? 조기는 산란기가 되면 내장을 진동시켜 소리를 내는데 물속에서 조기가 떼를 지어 "ググ" 소리를 내는 것이 일본 사람들에게는 투덜투덜 푸념하는 소리로 들린 모양이다. 그래서 '푸념하다', '불평하다'라는 뜻의 'ぐち(愚痴)'라는 이름이 생겼다. 또 일본에서 조기는 'クチ'와 'ハダカイシモチ'등의 별명도 있다. 일본의 조기 이명(異名)을 정리하면 다음과 같다.

일본의 조기 이명(異名)

분류	종류	설명	비고
형상	イシモチ(石首魚)	조기 머리의 이석(耳石) 때문에 붙여진 이름.	관동지방

분류	종류	설명	비고
색깔	シログチ(白口)	보구치와 백조기를 말함.	관서지방
소리	グチ(愚痴)	조기가 떼를 지어 "ググ" 하는 소리가 투덜투덜 푸념하는 소리로 들려 '푸념하다', '불평하다'라는 뜻의 '愚痴'라는 이름이 붙여짐.	
기타	ハダカイシモチ	はだか(裸)는 '나체, 벌거숭이'이란 뜻으로 조기의 비늘이 잘 벗겨져서 그렇게 말을 한다고 함.	茨城県

3) 조기의 문화사

조기는 전 세계에 약 162종, 우리나라 연해에는 참조기, 보고치, 부세, 수조기, 흑구어, 물강다리, 강다리, 세리니 등의 11종이 분포한다. 이 중 황색을 띠어 '황조기'라고 불리는 참조기가 으뜸이다. 그래서 우리나라에서 일반적으로 조기라고 하면 참조기를 지칭한다. 그리고 우리는 조기가 '몸에 이로운 생선, 기운을 차리는데 도움을 주는 생선'이라는 뜻에서 한자로 '조기(助氣)'라고 쓴다.

옛날 의학서에 의하면 조기는 하나같이 개위(開胃), 즉 '위를 열어주는 생선'이라고 하여 입맛이 없거나 소화가 되지 않을 때 속을 뚫어 주는 것처럼 '식욕을 돋우고 소화를 촉진시켜 주는 물고기'라고 한다.[13] 그리고 우리나라 최초의 식이요법 치료서인 전순의(全循義)의 『식료찬요(食療纂要)』에서도 소화가 되지 않을 때는 조기를 구워서 먹으면 좋다고 했다. 이를 통해 추측해보면 조기는 오래전부터 왕실의 식욕 촉진제 겸 소화제 역할을 했다는 사실을 알 수 있다. 그리고 조기는 옛 문헌에서 '양인지어(養人之魚)', 즉 '아이를 키우는 물고기'라고도 했다.[14] 뿐만 아니라 조기는 지금도 당시에도 제사나 명절 차례상에 올라왔으며 잔칫상에도 빠지지 않는 관혼상제(冠婚喪祭)와 관련 있는 물고기이다. 특히 조기는 '종어(宗魚)'라는 이름에서도 볼 수 있듯이 물고기 중의 으뜸으로 쳐 제사상에 올리는데 이는 조상을 대신하여 후손들에게 사덕(四德)[15]을 일깨워 주려는 의도가 있었다고 한다. 이처럼 조기는 예

---

13 『승정원일기(承政院日記)』에는 조선 임금 중에 가장 오래 살았던 영조는 만성적 소화불량에 시달려 식사를 못 할 때면 내의원에서는 특별히 조기를 드시라고 권했다고 한다.

14 옛날 부녀자들은 아이를 낳아도 하루 종일 쉴 틈 없이 집안일을 해야 했고 집안 어른 식사까지 차려야 해서 아이에게 젖을 물릴 여유조차 없었다. 그러나 집안에 조기가 있으면 이야기가 달랐다. 조기 한 마리 구우면 따로 반찬이 필요 없이 어른들이 식사하는 동안 편하게 아이에게 젖을 물릴 수 있었다. 이 때문에 조기는 아이를 키워주는 생선이라고 한 것이다.

15 조기의 사덕(四德)이란 이동할 때를 정확히 아는 '예(禮)', 소금에 절여

법성포 영광굴비

로부터 고급 생선으로 대접을 받았고 우리들에게 잘 알려져 있는 물고기였다. 지금도 참조기는 영광의 대표적인 특산물로 자리 잡고 있으며 그 맛은 물고기 중에서 제일로 꼽을 정도이다.[16]

────────

져도 굽히지 않는 '의(義)', 염치 있고 부끄러움을 아는 '염(廉)', 더러운 곳에는 가지 않는 '치(恥)'가 그것이다.

16 실제로 조기는 제주도 남서쪽의 동중국해에서 겨울을 지내고 북상하기 시작하여 제주도와 추자도를 거쳐 3~4월 전라도 칠산 앞바다, 그리고 한 달 뒤인 4~5월에는 서해 중북부에 있는 옹진군 연평도에 이르러 산란하는 것으로 알려져 있다. 산란 직전에 잡힌 조기는 알이

중국 사람들은 조기에 대한 인식이 우리나라와 조금 다르지만 조기를 최고의 생선으로 취급하는 것은 한국과 비슷하다. 중국에서는 새해 첫날 생선요리를 차려놓고 온 가족이 둘러 앉아 먹으면서 풍요로운 한 해를 기원하는 풍습이 있다.[17] 이는 물고기 '어(魚, yú)'자와 여유로울 '여(餘, yú)'자의 중국어 발음이 같은 것에서 비롯된 것으로 새해에 생선을 먹는 것은 곧 풍요롭고 여유로운 한 해가 되도록 해달라는 뜻이다. 설날에 먹는 생선은 일 년 내내 여유가 있으라는 중국의 새해 인사말 '년년유어(年年有魚)'가 '년년유여(年年有餘)'와 통하기 때문이다. 그렇다고 아무 생선이나 먹으며 일 년이 풍요롭기를 비는 것은 아니다. 중국 지방에 따라 차이가 있는데, 상해(上海)와 항주(杭州) 같은 화동(華東) 지역에서는 '조기'를 먹고, 북경(北京) 같은 화북(華北) 지역에서는

꽉 차 있고 살이 올라 배에 황금빛이 난다. 특히 곡우절(양력 4월 20일)에 잡힌 조기는 '오사리 조기' 또는 '곡우살 조기'라고 하고 이것으로 만든 굴비를 '오사리 굴비'라 부른다. 어찌나 맛이 좋은지 '밥도둑'이라는 별명까지 붙을 정도로 맛과 품질이 뛰어나 궁중에 진상했다.

17 대만의 단오절에는 건강하고 장수의 의미로 '5자(子) 5황(黃)'의 음식을 먹는 풍습이 있는데, 5자(子)는 '粽子, 豆子, 茄子, 李子, 桃子'이고, 5황(黃)은 '鹹蛋黃, 黃鱔, 雄黃酒, 雄黃酒, 黃魚'이다.

'잉어'를 먹는다.[18]

그렇다면 상해와 항주 사람들은 많은 생선 중에 왜 하필 조기를 먹는 것일까? 그것은 조기의 색깔과 연관이 있다. 조기는 빛깔이 누런빛이라 그 이름도 중국어로 황어(黃魚)이다 보니 조기에서 황금을 연상하는 모양이다. 그래서 조기를 먹는다는 것은 곧 황금이 입속으로 들어온다는 뜻이 되니 상해와 항주 사람들은 조기를 먹으면 부자가 된다고 믿었다. 이 때문에 중국 사람들은 새해에 먹는 황어(黃魚)로는 조기보다 더 크고 비늘 빛깔이 더 누런빛인 부세를 선호한다.[19] 그래서 중국에선 조기와 부세를 구

────

18 모든 중국 사람들이 새해에 조기를 먹는 것은 아니다. 북경 같은 화북(華北) 지방에선 조기 대신 잉어를 먹는다. 옛날 기준으로 북경은 바다에서 먼 곳이기에 바다 생선보다 민물 생선요리가 발달했다. 중국 사람들이 잉어를 좋아하는 데는 맛도 맛이지만 또 다른 이유가 있다. 잉어는 한자로 '리어(鯉魚)'인데 '이익(利益)'의 중국어 발음과 같다. 잉어를 먹는 것은 곧 '이익이 난다'는 뜻이니 새해 잉어요리에는 '장사가 잘되어 돈을 잘 벌게 해달라'는 의미가 깃들어 있다.

19 2014년 중국 관광객이 제주도 수산시장에서 큼직한 짝퉁 조기, 부세 한 마리를 81만 원에 샀던 데는 다 이유가 있다. 중국 새해 풍습을 모르면 허세 가득한 짓거리처럼 보이겠지만 중국 문화를 이해하면 부자 되게 해달라는 돈 많이 벌게 해달라는 간절한 새해 소원이 담긴 행동이란 걸 알게 된다.

분하지도 않는다.[20]

　반면 일본에서는 조기를 잡어로 취급하여 별다른 의미를 담고 있지 않다. 일본에서 조기를 부르는 이름에서도 알 수 있듯이 옛날부터 전국적으로 부르는 통일된 이름이 없을 정도로 조기는 일본에서 그렇게 중요한 생선이 아니었던 것이다.

2. 멸치(滅致)

1) 멸치의 어원 및 유래

　멸치(Engraulis japonicus)는 청어목 멸치과의 바닷물고기로 몸은 작으나 그 생김새가 늘씬하며 아래턱이 위턱보다 훨씬 짧은 물고기다. 몸빛은 등 부분이 암청색이고 배 부분이 은백색이다. 비늘은 크고 엷어 떨어지기 쉬우며 연안 회유어(洄游魚)로서 우리나라 전 연안에 분포하는 다획성 물고기의 대표적인 존재이다.[21]

20　우리는 부세를 짝퉁 조기라고 해서 한 등급 아래로 취급하지만 춘절(春節) 무렵의 중국은 오히려 반대다.

21　[네이버 지식백과] 멸치 (한국민족문화대백과, 한국학중앙연구원)

멸치

　멸치는 한자로 '업신여길 멸(衊)'자를 사용하여 '멸치(衊治)'라고 표기한다. 풀이하면 '업신여기고 멸시한 물고기'이다. '멸할 멸(滅)'자를 써서 '멸치(滅治)'라고도 하는데 멸치의 본래 습성이 급하기 때문에 그물로 잡아 올리면 바로 죽어버려서 사용된 한자이다. 현재 사용되고 있는 멸치의 의미를 『표준국어대사전』에서 살펴보면 다음과 같다.

　　멸칫과의 바닷물고기. 몸의 길이는 13cm 정도이며, 등은 검푸르고 배는 은빛을 띤 백색이다. 몸은 길고 원통 모양이며 비늘은 둥글둥글하다. 연안 회유성 물고기로 플랑크톤을 주로 먹고 산다. 한국, 일본, 중국 등지에 분포한다.

『표준국어대사전』에서 말하는 멸치는 지금의 대멸에 속한다. 멸치는 크기에 따라 대멸, 중멸, 소멸 등으로 불리는데, 화석상의 기록에 의하면 멸치는 원래보다 크기가 컸으며 육식성에 날카로운 이빨을 가진 어류(魚類)이었다가 점차 기후변화와 포식자의 등장으로 현재 상태로 된 것으로 보인다고 한다.[22] 『표준국어대사전』에서는 멸치의 준말로 '말자어(末子魚)', '멸아(鱴兒)', '멸어(蔑魚)', '이준(鮧鱒)', '추어(鯫魚)', '행어(行魚)'를 제시하고 있는데 이러한 이름들은 언제 사용되었을까?

우리나라 최초의 어보(魚譜)인 『우해이어보(牛海異魚譜)』에서는 멸치를 다음과 같이 설명하고 있다.

> 한사(漢師) 지방의 말린 것을 멸아(鱴兒)라고 하여 사는데 이와 비슷한 것으로 이 지방에서도 멸아(鱴兒)가 나온다. 토착인은 그 이름을 '기(幾)'라 하는데 기(幾)는 방언으로 '멸(鱴)'이라 하였다.(漢師所賣浢鮑魚名鱴兒者, 相似此地亦産鱴兒, 土人名曰幾之言方言鱴也.)

---

22 현재 알려진 바로는 파키스탄 및 벨기에서 5,000만 년 전 ~ 4,500만 년 전 형성된 해성층에서 발견된 것이 최초의 멸치라고 한다.

　『우해이어보(牛海異魚譜)』에서는 멸치를 '멸아(鱴兒)'로 설명하
고 있다. 멸아(鱴兒)는 진해지방에도 나는데 그 이름을 '기(幾)'라
고 하며 그 방언은 '멸(鱴)'이라 한다고 하였다.
　정약전(丁若銓)의 『자산어보(玆山魚譜)』에서는 멸치를 다음과
같이 설명하고 있다.

　　　추어(鯫魚) [속명 멸어(蔑魚)] 몸통은 지극히 작아 큰 놈
　　이 03~0.4척이다. 색은 청백이다. 6월에 처음 나왔다가 상
　　강(霜降: 24절기의 하나. 양력 10월23일 경. 아침과 저녁의 기온이 내
　　려가고 서리가 내리기 시작할 무렵.)이면 물러간다. 성질이 밝은
　　빛을 좋아해 밤마다 어부들이 횃불을 밝혀 이들을 유인했
　　다가 추어들이 움푹한 굴에 이르면 광주리 같은 그물로 끌
　　어낸다. 국이나 젓갈이나 어포로 쓰거나 다른 물고기의 미
　　끼로 쓰기도 한다. 가가도에서 나는 놈은 몸통이 상당히
　　크다. 겨울에도 잡는다. 그러나 이 지역의 모든 추어는 관
　　동(關東: 강원도)의 좋은 놈만 못하다.(鯫魚 [俗名蔑魚] 體極小.
　　大者三四寸. 色青白. 六月始出, 霜降則退. 性喜明光, 每夜漁者, 爇燎
　　而引之, 及到窪窟, 以匡網汲出. 或羹或醢, 或腊或爲魚餌. 産於可佳
　　島者, 體頗大. 冬月亦漁. 然都不如關東者之良.)

『자산어보(玆山魚譜)』에서는 멸치를 '추어(鯫魚)'라고 하고 그 속명을 '멸어(蔑魚)'라 전한다. 멸치는 잡아 올리면 급한 성질 때문에 바로 죽어 버린다 하여 '멸할 멸(滅)'자까지 붙여서 '멸어(滅魚)'로 사용하고, '추어(鯫魚)'라는 멸치의 이름에도 변변치 못하다는 의미가 들어있다. 이러한 멸치의 이름에 사용된 '멸(蔑)', '멸(滅)', '추(鯫)' 등의 한자를 통해서 우리의 선조들이 멸치에 대한 시각이 어떠했는지 극명하게 드러난다.

서유구(徐有榘)의 『난호어목지(蘭湖漁牧志)』에서는 멸치를 다음과 같이 설명하고 있다.

> 이추(鮧鰌) [멋] 동해, 남해, 서해에 모두 있다. 동글납작한 것이 짧고 작으며, 큰 은 1치에 지나지 않는다. 등은 검고 배는 희며 비늘이 없고 아가미가 작다. 동해에서 나는 것은 항상 방어에게 쫓겨 휩쓸려서 오는데 그 형세가 바람이 불고 큰 물결이 이는 듯하다. 바다 사람들은 살펴보고 있다가 방어가 오는 때를 알고는 즉시 큰 그물을 둘러쳐서 잡는데 그물 안이 온통 이추(鮧鰌)이다. 방어를 골라내고 뜰채로 이 추를 퍼내어 모래 자갈 위에 널어 펴서 햇볕에 말려 육지로 파는데 한 줌에 1푼이다. 만약 장마철을 만나

썩어 문드러지면 밭의 거름으로 쓰는데 잘 삭은 분뇨보다
낫다. 서해와 남해에서 나는 것은 동해만큼 많지 않다. 그
러나 나라 안에 흘러넘쳐 시골 사람들의 비린 반찬의 재료
가 된다. ([鮧鰌] [몃] 東南西海皆有之. 圓扁短小, 大者不過寸餘, 脊
黑腹白, 無鱗細鰓. 其産東海者, 每爲魴魚所逐, 擁咽而至, 勢如風濤.
海人候之, 知魴魚之來, 卽用大網圍繞取之, 則全網都是鮧鰌. 揀取魴
魚, 以攕網舀取鮧鰌, 散鋪沙磧, 曝乾, 售于陸地, 一掬一錢. 若逢陰雨
鮫敗, 則用以糞田, 美勝熟糞也. 西南海産者, 不如東海之多. 然亦流
溢國中, 爲野人腥口之資.)

『난호어목지(蘭湖漁牧志)』에서는 멸치를 '이추(鮧鰌)', '몃'이라
고 한다. 이추(鮧鰌)의 '이(鮧)'는 본래 바다빙어과의 민물고기를
지칭하는 '점(鮎)'의 다른 한자이고, '추(鰌)'는 드렁허릿과의 민물
고기를 지칭하는 '선(鱔)'의 한 종류로 '미꾸라지'를 가리키는 한
자이다. 그래서 이추(鮧鰌)의 한자 풀이만 보면 미꾸라지처럼 몸
이 가늘고 긴 형태의 작은 물고기를 말한다. 『난호어목지(蘭湖漁
牧志)』에서는 제주도 사람들이 멸치가 모슬포 연안에 떼를 지어
들어와서 언덕까지 뛰어 올라가는 모습을 보고 잘 헤엄쳐 다닌

다는 뜻에서 '행어(行魚)'라고도 불렀다 한다.[23]

이상에서 보는 바와 같이 멸치의 다양한 명칭들은 우리나라 문헌에서 살펴볼 수 있는 이름이다.

중국에서는 멸치를 '제위(鯷魚 tíyú)'라고 한다. 제위(鯷魚 tíyú)는 현재 멸치과의 일부 어류(魚類)를 통칭하는 것으로 『강희자전(康熙字典)』에서 '제(鯷)'자는 '鮎也.', '魚重千斤.'라고 하여 '천근(千斤)정도로 무거운 바다빙어과의 민물고기'로 설명하고 있다. 그런데 『강희자전(康熙字典)』에서 말하는 천근(千斤)은 무게 단위로 환산하면 600kg인데 멸치가 그 정도의 무게는 아닌 듯 하고 또 '제(鯷)'자가 『강희자전(康熙字典)』에서만 수록되어 있어서 우리가 말하고 있는 멸치와 동일한 것인지는 확실하지가 않다. 다만 『신화자전(新華字典)』에 '제(鯷)'자와 관련된 어휘 중 '릉제(棱鯷)'가 나오는데 그 해석을 살펴보면 '몸길이가 10cm 정도이고 길고

---

23 예전에는 멸치란 물고기는 제주도 모슬포 연안 수역에 떼를 지어 들어와서는 이리 갔다 저리 갔다 하다가 제물에 언덕에까지 뛰어 올라가는 물고기인지라 바다를 잘 헤엄쳐 다닌다는 뜻에서 제주 지방에서는 '행어(行魚)'라고도 불렀다. 멸치가 방어 떼에 쫓겨 몰려 다닐 때에는 그 세력이 풍도(風濤)와 같고 어민이 방어를 어획하기 위하여 대망을 치면 어망 전체가 멸치로 가득 차므로 몇 리 가운데서 방어를 가려낸다. (정문기, 『어류박물지』, 일지사, 1974.)

옆으로 납작하며 은백색을 지니고 있다. 그리고 입이 크며 위턱
이 길어지고 복부에 비늘이 있는 온대와 열대 근해의 소형 식용
어류(魚類)로 옛 이름이 '렬(鱴)', '멸(鱴)', '제(鮆)'로 불리는 멸치과
에 속하는 어류(魚類)를 말한다.'고 풀이된다. 이 해석을 바탕으로
살펴보면 '릉제(棱鯷)'는 생물학적 분류로 멸치과에 속하는 '렬
(鱴)', '멸(鱴)', '제(鮆)'를 통칭하여 부르는 명칭이다. 이 중 '렬(鱴)'
은 '웅어'로, '멸(鱴)'은 '멸치'로, '제(鮆)'는 '갈치'로 각각 나누어
사용되었는데, 멸치는 다시 멸치과의 대표되는 물고기로 '릉제
(棱鯷)'의 '제(鯷)'로도 사용된 것이 아닐까 생각한다. 그러다 중국
에서 멸치를 가리키는 '제(鯷)'와 '멸(鱴)'은 다시 한국과 일본으로
각각 유입되어 한국에서는 '멸(鱴)'을, 일본에서는 '제(鯷)'를 사용
하여 멸치를 지칭하고 있는 것으로 보인다.

　　일본에서 멸치는 일본어로 'カタクチイワシ'이고 한자는 '片
口鰯'이다. 'ヒシコ(鯷)'라고도 한다. 片口鰯(かたくちいわし)의 '鰯
(いわし)'은 '약하다'는 의미로 헤이안(平安) 시대부터 표기가 보이
는데 그 표기가 'ハ행 전호음' 현상으로 'よわし'와 'いわし' 모두
제2음절이 'わ'로 일치한다. 그래서 片口鰯(かたくちいわし)의 '鰯
(いわし)'은 멸치가 바로 죽어버리는 약한 생선이기 때문에 'よわ
し(弱し)'에서 왔다는 설이 유력하다. 그리고 '鰯(いわし)'의 어원

에는 '천하다, 비루하다'의 의미인 'いやしい'에서 '鰯(いわし)'로
바뀌었다는 설도 있다.[24]

서양에서는 멸치를 영어로 'European anchovy' 또는 'anchovy'
로 쓴다. 'anchovy'의 어원은 스페인 지방의 소수민족 바스크족
의 언어로 건어물을 뜻하는 'anchova'에서 온 말이라고 한다. 페
루 앞바다에서 잡히는 큰 멸치는 'anchoveta', 이탈리아에서 잡히
면 'acciuga'로 불린다.[25]

2) 멸치 이름의 종류와 의미

바다에는 2만여 종의 물고기가 살고 있는데 이 중 가
장 많은 식구를 거느리고 있는 물고기가 바로 멸치다. 풍어의 상

---

24 https://gogen-yurai.jp/iwashi/

25 전 세계 멸치속 어류(魚類)는 1972년에 엘니뇨러 개체수가 급감했다가
다시 늘어난 페루 멸치 'anchoveta'를 포함해 8종이 있다. 우리나라 연
근해에서 잡히는 멸치는 태평양산 멸치라고 하여 'Pacific anchovy'라
고 부른다. 일본에서는 이를 'Japanese anchovy'라 한다. 이탈리아와 영
미권에서는 주로 젓갈로 만들어 먹지만 그리스와 터키에서는 통째로
기름에 튀겨먹는다. 그리스어, 터키어 모두 'χάμψι, hamsi'라고 불리
며 나름 지역의 명물이다. 그리고 anchovy를 포함한 청어류 전반의 물
고기를 이용한 서양식 젓갈로 다른 생선을 쓰거나, 내장 등을 이용한
것도 전반적으로 통틀어 'anchovy'라 말하기도 한다.

징인 멸치는 우리들의 식탁에 늘 빠지지 않는 밑반찬의 하나이고 지금도 우리에게 친숙하고 사랑받는 물고기이다.

멸치는 한자로 '멸아(鱴兒)', '멸어(蔑魚)', '이추(鮧鰌)', '추어(鰍魚)', '행어(行魚)' 등으로 고문헌에서 확인할 수 있다. 한국의 멸치 이명(異名)을 정리하면 다음과 같다.

한국의 멸치 이명(異名)

분류	종류	설명	비고
차음	말자어(末子魚)	'보잘것 없는 물고기', '가장 어린 물고기', '가장 여린 물고기'라는 뜻에서 붙인 이름.	『우해이어보』
차훈	행어(行魚)	역동적으로 바다를 헤매고 다녀서 '다닐 행(行)'자를 사용하여 붙여진 이름.	『난호어목지』
	멸아(鱴兒)	'물 밖으로 나오면 금방 죽는다'는 뜻에서 나온 이름.	『우해이어보』
	멸어(蔑魚)		『자산어보』
	멸어(滅魚)		
	기어(幾魚)		『우해이어보』
크기	비늘돋치기	비늘이 돋아나는 정도 크기.	
	세멸	1.5㎝ 이하.	
	자멸	3.0~1.6㎝.	
	소멸	4.5~3.1㎝.	
	중멸	7.6~4.6㎝.	
	대멸	7.7㎝ 이상.	

분류	종류	설명	비고
형태	추어(鰍魚)	'추(鰍)'에는 '송사리, 따라지' 등의 의미에서 추어(鰍魚)는 송사리와 같은 작은 물고기를 말함.[26]	『자산어보』
	잔어(孱魚)	바다에 사는 작은 물고기.	『재물보』
	이추(鮧鰌)	'이(鮧)'는 바다빙어과의 민물고기를 지칭하는 '점(鮎)'의 다른 한자이고 '추(鰌)'는 드렁허릿과의 민물고기를 지칭하는 '선(鱓)'의 한 종류로 '미꾸라지'를 가리키는 한자어임.	『난호어목지』

위의 표에서 볼 수 있듯이 멸치는 차음과 차훈 방식에 의해서

---

26 한자 '추(鰍)'에는 '싸라지'라는 새김이 등장하는데, 1905년에 간행된 『자전척독 완편(字典尺牘 完編)』이란 책에 '추(鰍)'는 '송샤리 추, 雜小魚 싸라지 추, 小人鰍生'이란 풀이가 있다. 여기에서 '싸라지'는 '잡소어(雜小魚)', 즉 '작은 잡고기'를 뜻하며, '소인(小人)'을 '추생(鰍生)', 즉 '송사리와 같이 작은 물고기 태생'이라고 하였는데, 이러한 사람을 '싸라지'라고 하였음을 알 수 있다. 그러니까 '싸라지'의 원래 의미는 '송사리와 같은 작은 물고기'였는데, 이것이 '소인(小人)'을 뜻하는 것으로 의미가 전이되었던 것이다. 또 작은 것은 하찮은 것이란 뜻을 포함하고 있어서 변변하지 못한 하찮은 사람을 '따라지'라고 한 것이다. 이처럼 '추(鰍)'의 새김으로 '따라지'를 쓴 것은 현대의 한자자전에도 그대로 이어져 오고 있다. 1908년에 지석영이 지은 『자전석요(字典釋要)』, 1913년에 간행된 『한선문신옥편(漢鮮文新玉篇)』, 1927년에 간행된 『증보주해신옥편(增補註解新玉篇)』에도 똑같이 실려 있고, 1987년도에 간행된 장삼식 편 『대한한사전(大漢韓辭典)』에도 '추(鰍)'를 '송사리 추, 소인 추, 따라지 추'라고 새겨 놓고 있다.

붙여진 한자어 이름이 많고 크기와 형태에 따라서도 불리는 이
름이 다양하다.[27] 특히 멸치는 크기에 따라 어업인들이 부르는
이름도 다른데, 대부분 일본말과 혼용하여 사용하고 있다. 가장
작은 것을 '실치'라 부르고 크기에 따라 '지리멸(1.5㎝ 이하)', '시루
쿠(2㎝ 이하)', '가이리(2㎝ 정도)', '가이리고바(2.0~3.1㎝, 비늘돋치기라
고도 한다)', '고바(3.1~4.0㎝)', '고주바(4.0~4.6㎝)', '주바(4.6~7.6㎝)', '오
바(7.7㎝ 이상)', 그리고 가장 큰 것을 '정어리'라고 부른다. 실치는
어종(魚種)에 관계없이 실처럼 가는 정도로 작은 크기의 어린 새
끼를 부르는 말이고, 비늘돋치기는 비늘이 돋아나는 정도 크기
의 멸치를 일컫는 순우리말이다. 그리고 정어리는 진짜 정어리
가 아니고 정어리만큼 크다고 해서 붙은 이름인 듯하다.

　이 외에도 한국에서는 멸치의 방언으로 멜치(강원도), 며러치
(경기도), 며루치(경기도), 며로치(경기도), 메레치(경상도), 미러치(경상

27　멸치는 작은 크기 순으로 '세멸, 자멸, 소멸, 중멸, 대멸, 청어, 다포리'
　　로 구분된다. 그리고 크기에 따라 그 용도가 완전히 다른데, 작은 멸
　　치는 주로 볶음이나 조림으로 요리하여 밑반찬으로 사용되고 큰 멸
　　치는 대부분 국물을 우려내는데 사용된다. 일반적으로 유통되는 마
　　른 멸치는 몸길이 7.7㎝ 이상을 대멸(大-멸), 7.6~4.6㎝를 중멸(中-멸),
　　4.5~3.1㎝를 소멸(小-멸), 3.0~1.6㎝를 자멸(仔-멸), 1.5㎝ 이하를 세멸
　　(細-멸)이라고 구분하여 부른다.

도), 미루치(경상도), 멜다구(전라도), 멜따구(전라도), 밀치(전라도), 맬
(전라도), 이러꾸(전라도), 이루꾸(제주도), 멜(제주도), 명어치(제주도),
메루꾸(제주도), 메르치(충청도), 멜티(평안도), 멜치(함경도), 도자래
기(황해도), 열치(황해도), 영치(황해도) 등이 있다.

　중국에서는 각 성(省)마다 멸치를 부르는 이름이 다양하다. 멸
치의 대표적인 이름은 '제어(鯷魚, tíyú)'이고, 산동성(山東省) 연태
(煙臺)에서는 멸치를 '이수란(離水爛, líshuǐlàn)'이라고 부르고, 위해
(威海)에서는 멸치를 '발어식(鮁魚食, bàyúshí)'이라고 한다. 이수란(離
水爛)은 멸치가 물에서 나오면 바로 죽거나 썩기 쉽고 보존이 쉽
지 않기 때문에 붙여진 이름이고 '발어식(鮁魚食)'은 삼치(鮁魚)의
주식이 바로 멸치로 삼치와 멸치의 포식 관계에서 붙여진 이름이
다. 그리고 중국의 요녕성(遼寧省) 지역에서는 멸치를 '청천란(晴
天爛, qíngtiānlàn)'이라고도 부르는데, 멸치는 지방 함량이 높아서 쉽
게 부패되고 변질되는 시간이 다른 물고기에 비해 상대적으로 빠
르다. 그러한 멸치의 속성을 변덕이 심한 날씨에 비유하여 붙여
진 별명이다. 또 광동성(廣東省) 지역의 사람들은 멸치의 등 색깔
이 암청색이라 '흑배온(黑背鯷, hēibèiwēn)'이라고도 한다.

중국의 멸치 이명(異名)

분류	종류	설명
색상	黑背鰮[hēibèiwēn]	멸치의 등색이 암청색으로 붙여진 이름.
속성	離水爛[líshuǐlàn]	물에서 떠나면 바로 죽거나 썩기 쉽고 보존이 어려워서 붙여진 이름.
	晴天爛[qíngtiānlàn]	멸치는 지방 함량이 높아 부패하고 변질되는 시간이 빨라서 변덕이 심한 날씨에 비유하여 붙여진 이름.
	鮁魚食[bàyúshí]	삼치(鮁魚)의 주식이 바로 멸치로 삼치와 멸치의 포식관계에서 붙여진 이름.
크기	海蜒[hǎiyán]	바다의 작은 곤충이란 의미에서 가공하여 말린 어린 멸치를 말함.
	鰮抽條[wēnchōutiáo]	'抽條'는 방언으로 '품질이 나빠지다, 질이 떨어지다'는 뜻으로 '鰮'자와 결합하여 삼치와 유사하게 작으면서 질이 떨어지는 물고기를 지칭함.
	老眼屎[lǎoyǎnshǐ]	'眼屎'는 '눈꼽'을 뜻하는데 눈꼽만큼 작은 물고기를 지칭한 것으로 보임.

　　일본에서는 멸치를 'カタクチイワシ(片口鰯)', 'いわし(鰯)'라고 하는데, 'カタクチイワシ(片口鰯)'의 어원은 아래턱이 작고 위턱이 앞으로 튀어나와 있는 멸치의 형상이 한쪽 입만 있는 것처럼 보여서 '片口'가 붙여진 이름이라고 한다. 달리 'ヒシコイワシ', 'セグロイワシ', 'シコ'라고도 한다. 일본에서는 한국과 마찬가지로 멸치의 크기에 따라 이름을 달리 부르는데 작은 순서에 따라

'チリ(1.5cm 이하)', 'シルク(2cm 이하)', 'カイリ(2cm 정도)', 'カイリゴ
バ(2.0~3.1cm)', 'ゴバ(3.1~4.0cm)', 'ゴジュバ(4.0~4.6cm)', 'ジュバ(4.6~7.6
cm)', 'オバ(7.7cm 이상)', 그리고 가장 큰 것을 '정어리'라고 부른다.
또한 'ショウバ, シラス, チュウバ, ナナツボシ, ヒラゴ, ヤシな
ど 등으로도 불리는데,[28] 일본에서 멸치의 이명(異名)을 정리하면
다음과 같다.

일본의 멸치 이명(異名)

분류	종류	설명
형상	カタクチイワシ(片口鰯)	아래턱이 작고 위턱이 앞으로 튀어나와 있는데 한쪽 입만 있는 것처럼 보여서 '片口'가 붙여진 이름.
크기	チリ	1.5cm 이하.
	シルク	2cm 이하.
	カイリ	2cm 정도.
	カイリゴバ	2.0~3.1cm.
	ゴバ	3.1~4.0cm.
	ゴジュバ	4.0~4.6cm.
	ジュバ	4.6~7.6cm.
	オバ	7.7cm 이상.

28 https://www.jf-ymg.or.jp/zukan/iwashi.html

이 외에도 일본에서는 멸치를 예전부터 식용으로 사용해 왔기 때문에 지방마다 '小いわし(広島)', 'カタクチ(三崎·米子·下関)', 'ヒシコ(水戸)', 'チリメン, タレ, ホタレイワシ(高知)', 'ホオタレ, ホホタレ, ホウタレ, ブト(仙台·新潟)' 등 다양한 별명을 가지고 있다.[29]

3) 멸치의 문화사

멸치는 바다에 사는 '작은 물고기'로 처음에 우리나라에서는 '멸어(蔑魚)', '멸아(鱴兒)', '추어(鯫魚)' 등의 이름에서도 알 수 있듯이 천한 물고기로 여겼다. 그 이유는 멸치가 잡히는 시기와 날씨,[30] 그리고 물에서 나오면 바로 죽어버리는 멸치의 습성 탓에 부패가 유독 빨라 당시 우리의 선조들은 멸치가 식중독을 일으키거나 머리가 아프고 설사가 나는 장려병(瘴癘病)[31]을 유발한다고 생각했다.[32] 그래서인지 조선 전기 이전의 문헌에서는 멸

---

29 https://www.weblio.jp

30 멸치는 5~6월 습기가 많고 날씨가 따뜻하면서 기온이 상승하면 잡히기 시작한다.

31 장려병(瘴癘病)이란 더운 습기에 오랫동안 노출되면 생기는 병으로 우리가 보통 학질(瘧疾)이라 부르는 감염성 질병 '말라리아'를 말한다.

32 조선 시대에는 음식의 궁합이나 식중독 유발의 이유로 물고기에 관

치에 대한 기록을 살펴볼 수 없었는데, 아마도 이때는 우리 선조들이 멸치를 그렇게 즐겨 먹지 않았던 것 같다.

그렇다면 멸치는 어떻게 우리의 식재료로 사랑을 받았던 것일까? 이는 일제강점기 일본 어민들이 조선 시장을 상대로 도미 판매의 어려움을 겪자 진해만의 멸치 어장[33]에 시선을 돌리기 시작하면서 그 가치가 상승하였고,[34] 멸치가 점차 조선 어장의 최대 어업으로 자리 잡기 시작하면서 현재의 쓰임과 위상으로 정착된 것이다. 이는 우리나라 어업인들이 멸치를 크기에 따라 달리 부르는데 동일한 크기의 멸치를 한국어와 일본어를 혼용하여 사용하고 있는 것에서 알 수 있다. 그리고 이런 '지리(チリ)', '고바(ゴバ)', '주바(ジュバ)' 등과 같은 용어는 일본에서 유래한 것으

한 금기 사항들이 많았는데 당시 멸치는 장려병(瘴癘病)을 일으키는 물고기로 보았다.

33 19세기 중반에는 강원도에서 많은 멸치가 어획되었고, 20세기 『한국수산지(韓國水産誌)』의 기록에 의하면 진해를 멸치 산란장이라고 하였다. 이는 전라도 어망 멸치망에서 유래한 멸치가 남해안을 중심으로 확산되면서 진해에는 '기어(幾魚)', 서울에서는 '멸아(鱴兒)', 거문도에서는 '멸' 등 다양한 이름으로 불리게 되었다.

34 멸치는 도미와 달리 건조된 상태로 수출이 가능하였기 때문에 부패의 우려가 적었고 날씨의 영향도 받지 않기 때문에 일본 어민들에겐 더할 나위 없이 좋은 상품이었던 것이다.

로 한국의 멸치 문화가 일본에서 영향을 받았음을 알 수 있는 대목이다.[35]

지리멸

우리나라의 기록에 의하면 멸치는 조선 시대 전기나 그 이전에 많이 잡히고 있었다는 자료는 찾기가 힘들고, 조선 시대 후기에 멸치가 대량으로 어획되고 있었음을 문헌 자료를 통해 확인된다.[36] '멸치'란 이름은 1750년 『균역행람(均役行覽)』에서 '전라

35 '지리((チリ)', '고바(ゴバ)', '주바(ジュバ)' 등의 멸치 이름은 일제강점기 때 거제도, 여수, 포항 등지에서 멸치어업을 일본인들이 장악을 했는데 그때 왜곡이 되어 전해져 온 이름이라는 설도 있다.

36 『세종실록·지리지(世宗實錄·地理志)』의 함경도 예원군(預原郡)과 길주목

도 멸치망(滅致網)'에 대한 소개가 나오는데 여기에서 '멸치'라는
이름이 최초로 기록되었고, 18세기 기록에서는 멸치를 '바다에
사는 작은 물고기'라고 하였으며[37] 19세기 중엽에서는 '말린 물
고기'를 '멸치'라 부르고 있었다.[38] 즉 '바다에 사는 물고기'가 건
조되어 유통되면서 멸치는 '말린 물고기'를 부르는 말로 통칭된
것이다. 지금도 멸치라고 하면 바다에서 잡아 올린 살아 있는 물
고기보다는 말린 것을 이르는 경우가 많아 멸치라는 이름에 담
긴 의미에서 역사적 변천을 짐작케 한다.

이러한 멸치는 일본에서 가공하여 건조품으로 유통되면서 또

(吉州牧)의 토산과 『신증동국여지승람(新增東國輿地勝覽)』의 제주목(濟
州牧) 정의현(旌義縣)과 대정현(大靜縣)의 토산으로 실려 있는 행어(行
魚)를 멸치로 보는 설도 있으나 강원도나 다른 주요 산지의 토산에는
기록되어 있지 않아서 많은 의문을 던져주고 있다. 이처럼 멸치에 관
한 기록이 없는 것은 함경도와 제주 지방에서만 어획되었거나, 다른
지방에서도 어획되었으나 중요한 물고기로 취급되지 않았기 때문이
거나, 식성이나 다른 이유에 의하여 많이 어획되지 않았기 때문인 것
으로 추측할 수 있다.

37 이만영(李晩榮)의 『재물보(才物譜)』에서 멸치에 대해 '바다에 사는 작은
물고기'를 '잔어(屖魚)'로 하였고, 『우해이어보(牛海異魚譜)』에서는 '가장
어린 물고기'를 '말자어(末子魚)'라고 하였다.

38 유희(柳僖)의 『물명고(物名攷)』에서 '잔건(屖乾)'은 말린 것은 모두 지금
의 멸치라고 하였다.

'말린 물고기'라는 의미도 갖게 되었다. 이는 당시 각 가정에 냉장 보관 시설이 제대로 갖추고 있지 않던 시절에도 멸치의 판매가 확장될 수 있었던 가장 큰 이유일 것이다. 그리고 말린 멸치는 상온에 보관해도 체형이 단단하고 비린 맛이 없고 지방이 많으면서 머리부터 꼬리, 내장, 비늘까지 버릴 것이 없고 뼈째 먹을 수 있어서 한국인들이 좋아할 수밖에 없었다. 이처럼 멸치의 가공법이 일본으로부터 한국으로 전파되어 한국의 음식 문화로 정착되었다고 볼 수 있다.[39]

---

39 멸치 가공법이 일본으로부터 전파되었더라도 한국에서는 상이한 맥락과 방법으로 수용되었다.

2장

여름[夏]

1. 우럭(鬱抑)

1) 우럭의 어원 및 유래

우럭(Sebastes schlegelii (Hilgendorf, 1880))은 양볼락과에 속하는 바닷물고기로 우럭의 표준명은 조피볼락이다. 조피볼락은 볼락류 중에서 가장 큰 종으로 몸길이가 60cm 이상 되는 개체가 많다. 겉모양은 볼락과 비슷하지만 몸 빛깔은 암회갈색이고 배쪽은 연한 빛을 가지며 옆에는 3~4줄의 분명하지 않은 흑갈색의 가로띠가 놓여 있다. 우리나라의 전 연안, 일본의 북해도 이남 및 중국의 북부 연안에 분포하며 특히 황해 및 발해만에 많이 서식한다.[1]

우리나라 사람들은 물고기의 한 종으로 우럭을 잘 알고 있다. 그러나 학술적으로 '우럭'이란 말이 붙는 물고기는 사실상 없고 해양 생물인 '왕우럭조개'가 유일하다. 우럭은 조피볼락의 방언으로 전국적으로 통용되는 국민 생선이자 한국의 양식 산업 대중화에 기여한 매우 중요한 수산 자원이다. 『표준국어대사전』에서 조피볼락의 의미를 살펴보면 다음과 같다.

---

1 [네이버 지식백과] 멸치 (한국민족문화대백과, 한국학중앙연구원)

양볼락과의 바닷물고기. 볼락과 비슷한데 몸의 길이는
30cm 정도이며 어두운 회갈색이다. 배 쪽은 담색이고 옆
구리에 4~5줄의 희미한 검은 갈색 가로띠가 있다. 머리에
가시가 많다. 한국, 일본, 중국 등지에 분포한다.

『표준국어대사전』에서 말하는 양볼락과의 바닷물고기는 흔
히 '우럭' 또는 '볼락'이라 통칭하는 50종의 어류(魚類)가 포함되
어 있다. 그 생김새가 거의 비슷비슷하나[2] 조피볼락은 눈 아래에
3~4개의 가시와 뺨에 2줄의 짧은 흑색 띠가 있는 것이 그들과 식
별하는 중요한 특징이다.

　이러한 조피볼락은 원래 식물의 줄기나 뿌리 따위의 거칠거
칠한 껍질을 의미하는 순우리말인 '조피'와 수많은 양볼락과를
의미하는 '볼락'[3]이 결합된 이름이다.

─────

　2　서해에서 볼 수 있는 조피볼락과 비슷한 종류는 '황해볼락', '개볼락',
　　　'흰꼬리볼락', '볼락' 정도이다.
　3　볼락: 몸은 방추형이고 옆으로 납작하다. 눈은 툭 불거지고 매우 크다.
　　　학명은 'Sebastes inermis CUVIER'이다. 몸은 방추형이고 옆으로 납
　　　작하다. 눈은 툭 불거지고 매우 크다. 조선 시대 중기 이전의 문헌에는
　　　볼락으로 인정될 만한 어류의 이름이 보이지 않고, 조선 시대 말기의
　　　어보류(魚譜類)에 비로소 볼락이 등장하고 있다. 김려(金鑢)의 『우해이

그렇다면 언제부터 우럭의 표준명이 조피볼락으로 되었을까? '조피볼락'은 일제강점기를 보내고 국내 어류도감이 편찬된 시점에서 기술되기 시작한 이름으로 알려져 있고, 그 이전에는 '우럭'이란 이름으로 더 많이 불렸다. '우럭'이란 이름은 서유구(徐有榘)의 『난호어목지(蘭湖魚牧志)』에서 지금의 우럭과 비슷한 말인 '울억어(鬱抑魚)'가 등장하는데 그 내용을 살펴보면 다음과 같다.

울억어(鬱抑魚) [울억이, 우럭 또는 조피볼락] 우럭은 서해에서 난다. 몸은 둥글고 비늘은 잘다. 큰놈은 1척 정도이다. 등은 높고 검으며 배는 볼록하고 흑백의 무늬가 있다. 등에 짧은 지느러미가 있고 꼬리 가까이에는 긴 지느러미

어보(牛海異魚譜)』에는 '보라어(甫羅魚)'라는 이름으로 소개되어 있는데 '보라어(甫羅魚)는 모양이 호서에서 나는 참조기[黃石首魚]와 유사하나 극히 작고 빛깔은 옅은 자주빛'이라고 하였다. 본토박이는 이를 '보락(甫鮥)'이라 부르고 혹은 '볼락어(乶犖魚)'라고 하는데 우리나라 방언으로 옅은 자주빛을 '보라(甫羅)'라 하고, 또 보라는 아름다운 비단을 말하는데, '보라'라는 이름은 이에서 비롯됨이 틀림없다고 하여 그 이름에 대한 풀이를 하고 있다. 정약전(丁若銓)의 『자산어보(玆山魚譜)』에는 '박순어(薄脣魚)'라는 것을 소개하였는데 그 속명을 '발락어(發落魚)'라 하고, 모양은 검어(黔魚)와 유사하나 크기는 조기만하고 빛깔은 청흑색이고 입은 작고 입술과 아가미는 아주 엷으며 맛은 검어와 같다고 하였다. [네이버 지식백과] 멸치(한국민족문화대백과, 한국학중앙연구원)

가 있다. 육질은 단단하고 가시가 없다. 국을 끓이면 맛있다.(鬱抑魚 [울억이] 生西海. 身圓鱗細. 大者尺許, 脊隆而黑, 腹飽而有黑白文. 脊有短鬐, 近尾有長鬐. 肉緊無刺, 作臛佳.)

『난호어목지(蘭湖魚牧志)』에서 말하는 울억어(鬱抑魚)는 '막힐 울(鬱)'자와 '누를 억(抑)'자를 사용하고 있는 물고기 이름으로 입을 꾹 다문 물고기의 모습이 고집스럽고 답답해 보여 '울억(鬱抑)'의 한자를 빌려 쓴 것으로 추정된다.[4]

정약전(丁若銓)의 『자산어보(玆山魚譜)』에서는 우럭을 다음과 같이 묘사하였다.

검어(黔魚) [속명 검처귀(黔處歸)] 형상은 강항어와 유사하다. 큰 놈은 3척 정도다. 머리는 크고, 입도 크고, 눈도 크며, 몸통은 둥글다. 비늘은 잘고 등이 검으며 가슴지느러미는 매우 억세다. 맛은 노어와 유사하고 살은 조금 단단하다. 사계절 모두 나온다. 조금 작은 놈(속명 등덕어(登德魚))은 색이 검으면서 적색 띠가 있으며 맛은 검어보다 싱

─────
4 실제로 우럭은 활동성이 적고 예민하여 낚시꾼들에게 답답할 정도로 입질이 되지 않는 물고기로 소문이 나 있다.

겁다. 더 작은 놈(속명 응자어(應者魚))은 색이 자흑이고 맛은 싱겁다. 언제나 돌 틈에 노니면서 멀리 헤엄쳐 나가지 않는다. 대개 검어의 무리는 모두 돌 큼에 있다.(黔魚 [俗名黔處歸] 狀類强項魚. 大者三尺許. 頭大口大. 目大體圓. 鱗細背黑, 鰭鬣剛甚. 味似鱸魚. 肌肉稍硬. 四時皆有. 稍小者[俗名登德魚]. 色黑而帶赤. 味薄於黔魚. 尤小者[俗名應者魚] 色紫黑味薄. 常居石間. 不能遠游. 大抵黔魚之屬, 皆在石間.)

『자산어보(玆山魚譜)』에서는 우럭을 '검어(黔魚)', '검처귀(黔處歸)'로 표기되어 있는데 지금의 '조피볼락'을 말하는 듯하다.[5] 실제로 우럭은 어두운 곳에 서식하길 좋아해 바위 밑이나 돌 주위에 주로 머물며 몸 색도 주변 환경에 맞는 회갈색이 많다. 그리고 우럭은 조류의 변화나 주변 환경 변화에도 예민해서 평소 잘 낚이다가도 갑자기 입질을 뚝 끊어버리곤 했다고 한다.

조피볼락이 어떤 이유에서 '우럭어'라고 불리게 되었는지 그 어원에 대해선 정확히 알 수 없지만 지금 우리가 부르는 '우럭'은 입을 꼭 다물고 고집스런 모습에서 비롯되었던 것 같다. 물론

---

5 이태원, 『한국 어류 DB 구축 및 운영체계』, 「지식정보인프라」제10호, 한국과학기술정보연구원, 2002, 논문 참조.

반대로 당시에도 '우럭'이라는 이름으로 불렀기 때문에 그에 알맞은 한자를 사용하여 '울억어(鬱抑魚)'라고 표기했을 수도 있다. 어쨌든 우럭은 조피볼락보다는 우리에게 먼저 사용되고 알려진 이름으로 현재에도 입을 꾹 다물고 말도 하지 않으면서 눈만 껌벅이는 답답한 상황을 빗대어 '고집쟁이 우럭 입 다물 듯'이란 속담까지 이어져 온 것으로 볼 때 우럭이란 이름이 조피볼락보다 우리에게 더 친숙한 것은 당연한 것인지도 모른다.[6]

    이러한 우럭을 중국에서는 우럭 표면의 무늬가 마치 돌의 반점과 같다고 해서 '돌 석(石)'자와 '얼룩 반(斑)'자를 합쳐서 '석반어(石斑魚, shíbānyú)'라고 부른다. 석반어(石斑魚)는 몸 전체에 각양각색의 반점이 있는데 그 반점이 빽빽하게 덮여 있어 멀리서 보면 마치 돌처럼 보이기 때문에 명명된 이름이다.

    일본에서 우럭은 일본어로 'クロソイ'라고 하고 한자는 '黒曹以'이다. 'クロソイ'는 타나카 시게오(田中茂穂, 1878-1974)가 북

---

6   생선을 즐겨 먹는 사람들에게 '조피볼락이 어떤 생선인지 아느냐'고 물으면 대부분 잘 모른다. 반면 우럭은 잘 안다. 해양수산부는 2021년 6월의 어식백세(魚食百歲) 수산물로 전복과 함께 우럭을 선정했다. 정부의 보도 자료에서도 방언을 사용할 만큼 우리나라에서는 조피볼락 보다 우럭이란 명칭이 대중에겐 훨씬 더 익숙하다.

해도(北海島)에서 'クロソイ'라고 명명한 것에서 유래된 것으로[7] 『일본어 어원사전』에 의하면 'ソイ'는 바닷가 물고기로 'いそいお'가 잘못 와전된 것이고, 'クロソイ'는 '검은 물고기'를 뜻한다. 그리고 우럭을 지칭하는 한자 '黑曹以'는 치환문자(当て字)로 한자가 지닌 본래의 뜻과 상관없이 음이나 훈을 이용하여 표기한 이름인 것이다.

서양에서는 우럭이 바위 밑이나 돌 주변에 많이 서식하므로 'Rock fish'라고 한다.

2) 우럭 이름의 종류와 의미

우럭은 예부터 임금님 수라상에 올리는 생선 중의 하나이고, 그 육질이 부드럽고 담백하여 한국 사람들이 많이 찾는 물고기로 국내에서 양식되는 수산물 중 광어 다음으로 생산량이 많은 어종(魚種)이다.[8] 그러나 답답할 정도로 잘 잡히지 않는 생선이라 그런지 다른 물고기에 비해 비싼 물고기로 인식되어 있

---

7   https://www.zukan-bouz.com/

8   볼락, 우럭볼락, 황볼락 등 볼락류 생선 가운데 가장 많이 양식되는 종(種)이 우럭이다. 우럭은 맛이 좋고 성장이 빠르고 낮은 수온에서도 잘 견디며 월동(越冬)이 가능하다는 것이 양식을 많이 하는 이유다.

고 고급 생선으로 대접을 받는다. 그리고 우럭의 이름은 다른 물고기에 비해 상대적으로 그렇게 많은 편은 아니다. 한국의 조피볼락 이명(異名)을 정리하면 다음과 같다.

한국의 조피볼락 이명(異名)

분류	종류	설명	비고
차훈	울억(鬱抑)	입을 꾹 다문 모습에서 유래.	『우해이어보』
	울억어(鬱抑魚)		『우해이어보』
색상	검어(黔魚)	우럭의 몸 색이 암흑색이어서 붙여진 이름.	『자산어보』
	검처귀(黔處歸)	몸의 색이 검고 어두운 곳을 좋아해서 붙여진 이름.	『자산어보』
크기	등덕어(登德魚)	작은 놈.	『자산어보』
	응자어(應者魚)	더 작은 놈.	『자산어보』

이 외에도 한국에서는 조피볼락의 방언으로 '우레기, 애럭(작은 새끼), 조피, 똥새기, 열갱이' 등이 있는데 그래도 역시나 전국 어디서든 '우럭'으로 가장 잘 통용되고 있다.

중국에서 우럭은 '석반어(石斑魚, shíbānyú)'[9]라고 한다. 석반어

---

9 『물명고(物名攷)』에서 '석반(石斑)'은 남쪽 지방의 산골짜기가 흐르는 시내에 사는데, 길이는 몇 치[寸]이고, 비늘이 흰색이며 검은 빛깔의 얼룩점이 있으니, 아마도 이것은 여홀티(쥐노래미의 옛말, 석반어과의 바닷물

(石斑魚)는 표면의 무늬나 색 등에 따라 그 이름이 다양하고, 종류 또한 '해홍반(海紅斑)', '동성반(東星斑)', '서성반(西星斑)', '태성반(泰星斑)', '표성반(豹星斑)', '노수반(老鼠斑)', '노호반(老虎斑)', '청반(青斑)', '마반(麻斑)', '금전반(金錢斑)', '삼반(杉斑)', '소수반(蘇鼠斑)', '홍과자반(紅瓜子斑)' 등 아주 많다.[10] 중국의 조피볼락 종류와 특징을 살펴보면 다음과 같다.

중국의 조피볼락 종류

분류	종류	설명	비고
형상	石斑魚[shíbānyú]	우럭 표면의 무늬가 마치 돌의 반점과 같다고 해서 붙여진 이름.	
	海紅斑 [hǎihóngbān]	붉은 반점이 있다고 하여 붙여진 이름.	赤点石斑, 红斑魚, 红斑, 石狗公

고기)인 듯하고, '석반어(石鱇魚)', '고어(高魚)'와 같다. (石斑: 生南方溪潤, 長數寸, 白鈴黑斑, 恐是어홀티, 石鱉魚, 高魚仝.)

10 http://www.360doc.com/content/17/0618/18/38343367_664221709.shtml

분류	종류	설명	비고
	東星斑 [dōngxīngbān]	겉모습에서 유래된 것으로 몸에는 희고 작은 반점이 가득하여 멀리서 보면 하늘의 별처럼 보이는데 중국 동부의 동사군도(東沙羣島)까지 생산되어 붙여진 이름.	星斑
	老鼠斑 [lǎoshǔbān]	형상이 쥐와 닮았다고 해서 붙여진 이름.	青斑, 鰲魚, 駝背鱸, 扁鮨
	老虎斑 [lǎohǔbān]	형상이 호랑이와 닮았다고 해서 붙여진 이름.	棕點石斑魚
	麻斑 [mábān]	몸에 짙은 갈색에 참깨알처럼 불그스름한 도트무늬가 가득 차 있어서 붙여진 이름.[11]	芝麻斑
	金錢斑 [jīnqiánbān]	몸 표면에 있는 반점이 육각형이어여 돈의 모양과 비슷하여 붙여진 이름.	玳瑁石斑魚, 花頭梅斑, 花狗斑
생산지/ 서식지	西星斑 [xīxīngbān]	중국 남해의 동사군도(東沙羣島)에서 처음 생산되어 동성반(東星盤)으로 불림.	藍點石斑, 瑩點石斑, 西星斑
	泰星斑 [tàixīngbān]	초기에 태국에서 수입한 성반(星斑)이라 하여 붙여진 이름.	斑鰓棘鱸
	杉斑 [shānbān]	'삼(杉)'자는 홍콩 어민들이 산호(珊瑚)에 대한 속칭으로 삼반(杉斑)은 산호 속에 살고 있는 우럭을 말함.	清水石斑

분류	종류	설명	비고
색상	青斑 [qīngbān]	몸 빛깔이 청갈색을 띠었다고 해서 붙여진 이름.	青鰭, 泥斑
	紅瓜子斑 [[hóngguāzǐbān]	몸 빛깔이 갈홍색 또는 갈색에서 작은 점이 있어서 붙여진 이름	

위의 표에서 볼 수 있듯이 중국에서 우럭의 이름은 '해홍반(海紅斑)', '서성반(西星斑)', '태성반(泰星斑)', '노수반(老鼠斑)', '노호반(老虎斑)', '청반(青斑)' 등과 같이 우럭의 형상(海紅/老鼠/老虎), 생산지 및 서식지(西星/泰星), 색상(青) 등에 기인한 한자어와 '얼룩반(斑)'자가 결합된 한자어 이름을 가지고 있다. 이는 중국에서 우럭을 식별하는 방법 중 무엇보다 우럭이 지닌 얼룩무늬에 중점을 두고 있음을 알 수 있다.

일본에서는 우럭을 '검은 물고기'라는 의미로 'クロソイ'라고 한다. 우럭은 일본에서 전국적으로 많이 유통되기 때문에 'ソイ, スイ, クロゾイ, クロソイ, ナガラゾイ(北海道)', 'モガラス, ネゾイ, ハマオトコ, ワタリゾイ, ナガラ, ナガラゾイ(青森県)' 등 각 지방에서 부르는 우럭의 명칭이 다양하다.[12]

---

12 https://enoha-tei.com/kurosoi-hougen-201017/

3) 우럭의 문화사

우럭의 이름에서도 알 수 있듯이 울억어(鬱抑魚)의 한자 '울억(鬱抑)'은 우리가 흔히 말하는 '억울(抑鬱: 아무 잘못 없이 꾸중을 듣거나 벌을 받거나 하여 분하고 답답함. 또는 그런 심정)'과 완전히 똑같은 한자다. 그렇게 본다면 울억어(鬱抑魚)는 '억울한 물고기'로 해석할 수 있는데, 한국의 '울억어(鬱抑魚)'란 이름을 제외하곤 대부분 우럭의 형상 및 생산지 등으로 기인한 이름이지 어떤 특별한 의미가 있어 이름에 반영된 것은 발견하지 못했다. 그래서 한·중·일 삼국에서 우럭 이름의 어원과 유래는 상대적으로 간단하다. 그런데 한·중·일에서 사용하고 있는 우럭의 이름을 보면 한국에서는 '검어(黔魚)', 중국에서는 '석반어(石斑魚)', 일본에서는 '흑조이(黑曹以)'란 이름을 사용하고 있는 것에서 삼국 모두 우럭을 '검은 물고기'로 꼽고 있다는 것을 알 수 있다. 그리고 우럭의 생김새만 보면 거무스레하고 뭉툭하여 귀티와는 거리가 멀어 보이고 속 살은 희고 깔끔하여 화려한 고급 요리에 어울리지 않는 듯 보이지만 한·중·일 삼국에서 모두 우럭은 고급 어종(魚種)으로서 그 가치가 상당히 높은 편이다.[13]

---

13 물론 지금 한국의 경우에는 우럭 양식으로 언제나 먹을 수 있어서 '서민의 생선', '국민 횟감'이라고들 하지만 우리가 말하는 진정한 우럭은

우리나라 경우만 보더라도 우럭은 맛은 물론 식감도 좋고 먹는 방법도 다양해 회로 먹기도 좋고 굽거나 탕과 찜으로 먹기도 한다. 특히 제사상에서 유래된 우럭젓국은 서해안의 대표 쏘울 푸드로 담백한 맛이 일품이다.[14] 태안반도를 비롯한 인근 서산 등 서해안 지역에서는 생선 기름이 동동 뜨고 뽀얗게 우러난 우럭 맑은탕을 두고 "보리누름에 우럭국을 먹지 못하면 삼복(三伏)을 나지 못한다"는 말이 전해져 내려올 만큼 서해안을 대표하는 전통음식이다.[15] 그래서 우럭 포를 올리지 않은 제사는 반(半)만 지냈다는 말이 나올 정도로 중요한 제사음식이다.

중국에서도 우럭으로 만든 유명한 음식이 있다. 바로 산동(山東)의 생선 요리인 탕추어(糖醋魚)이다. 탕추어(糖醋魚)는 주로 우

자연산 우럭을 말한다. 우리가 오늘날 접하는 우럭의 90%는 양식산이며 자연산 우럭은 소량으로만 유통되고 있어서 자연산 우럭을 만나보기도 힘든 귀한 물고기다.

14 우럭젓국의 유래는 제사음식에서 비롯됐다는 게 정설이다. 조상에 대한 제사를 모시고 난 뒤 음복술을 나누면서 안주로 제사상에 올린 우럭 포의 살점을 발라 먹었다. 밤늦도록 돌아가신 조상과 자손들 삶의 이야기를 나누면서 살점을 대충 발라먹은 우럭 포의 머리와 뼈는 다음날 우럭젓국으로 변신해 밥상 위에 놓였다.

15 우럭젓국은 젓갈 넣어 끓인 탕이나 국으로 생각하겠지만 우럭을 잘 손질해 갯바람에 말린 우럭 포에 간단한 양념을 해서 끓여 만든다.

럭 혹은 민물 생선에 속하는 리어(鯉魚)를 통째로 튀겨낸 후 여러 야채와 함께 새콤달콤하게 조려낸 탕수 소스를 부어 먹는 요리 이다.[16] 이 탕추어(糖醋魚)는 다른 중국 음식과 비교했을 때 가격이 만만치 않아 주로 특별한 날에 먹는다.[17]

중국에서는 탕추어(糖醋魚)보다 더 비싼 그래서 평소 쉽게 접할 수 없는 우럭샤브샤브도 있다. 한국에도 물론 회샤브가 있고 중국에서도 훠궈에 회를 추가해서 먹을 수 있지만 우럭을 메인으로 한 샤브샤브는 보기 드물다. 이 음식은 주로 중국 상해에서 정부 손님들의 접대 음식으로 많이 이용된다고 한다.

일본의 경우에는 중국과 달리 우럭이 전국적으로 많이 유통되다 보니 지방에서 부르는 이름도 많고 도미와 비슷한 수준으로 일본 사람들에게 인기가 있다. 일본에서는 주로 홋카이도 지역에서 동해, 세토근해, 태평양 도호쿠쪽에서 잡혀서 홋카이도 도호쿠지방에서는 '북도미'라고 할 정도로 즐겨 먹는다.[18] 이러한 우럭은 담

---

16 압도적인 비주얼에 보는 즐거움과 더불어 먹기 좋게 손질된 몸통 살을 쏙쏙 집어 먹는 재미도 상당하다.

17 중국에서 우럭의 종류가 많음에도 불구하고 잘 유통되지 않는 점에서 비싼 가격과 연관성이 있는 것 같다.

18 일본 관동지방에서도 우럭은 친숙한 생선으로 입하량이 많고, 도내에서는 비교적 식당 등에서도 먹을 수 있다.

백하면서도 육질이 단단해 식감이 좋아 돔 대신에 생일상에 올리는 지역도 있다고 한다. 이처럼 한·중·일 삼국에서 우럭에 대한 인식은 모두 고급 어종으로서 사랑받는 물고기이다.

2. 복어(鮰魨)[19]

1) 복어의 어원 및 유래

복어(Fugu vermicularis porphyreus Tem et Schl.(검복))는 복어목에 속하는 바닷물고기의 총칭이다. 복어의 일반적 특징은 몸이 장란형(長卵形)으로 뚱뚱하며 몸 표면이 아주 매끄러운 것과 가시 모양의 비늘이 덮인 것이 있다. 복어의 위에는 팽창낭(膨脹囊)이 있어 물이나 공기를 들여 마셔 배를 크게 팽창시킬 수 있는 특성을 지니고 있다. 그래서 복어는 놀라거나 적의 공격을 받으면 배를 불룩하게 팽창시킨다. 그리고 복어는 온대에서 열대에 걸쳐 널리 분포하는 연해성 어류(魚類)이다.[20]

---

19 「Journal of Chinese Writing Systems」(21.03.)에 발표된 'Study on Pufferfish Designation'의 내용을 재구성하였음.

20 [네이버 지식백과] 복어 (한국민족문화대백과, 한국학중앙연구원)

복어

　일반적으로 복어라 하면 두 가지 의미를 가진다. 하나는 우리가 잘 알고 있는 물고기를 지칭하는 '복어'이고, 다른 하나는 '전복'이다. 많은 사람들이 복어의 한자가 '복어(鰒魚)'로 알고 있는데 이 복어(鰒魚)는 우리가 일반적으로 알고 있는 '복' 또는 '복생선'으로 불리는 복어가 아니라 '전복'을 일컫는 한자어다. 한자 '복(鰒)'자는 원래 전복을 의미하는 것으로 그 당시 우리가 지금 말하는 복어와 전복이 혼동되어 사용된 것이다. 현재 사용하고 있는 복어는 '복'과 한자 '어(魚)'가 결합된 형태의 이름으로 『표준국어대사전』에서 그 의미를 살펴보면 다음과 같다.

　　"참복과의 바닷물고기를 통틀어 이르는 말로 몸은 뚱뚱

하고 비늘이 없으며 등지느러미가 작고 이가 날카롭다. 적
에게 공격을 받으면 물 또는 공기를 들이마셔 배를 불룩하
게 내미는 특색이 있다. 고기는 식용하나 내장에 맹독(猛
毒)이 있어 조리를 잘못하면 중독을 일으킨다."

『표준국어대사전』에서는 복어의 준말로 '복'이라는 이름도
있는데 이 두 단어는 현재 한국에서 모두 사용되고 있는 복어의
이름이다. 그러나 복과 복어는 일제강점기 이후부터 오늘날에
많이 사용되는 복어의 이름이지 그 이전에는 '하돈(河豚)'이란 이
름으로 더 많이 알려져 있다.[21]

그렇다면 '하돈(河豚)'이란 이름은 어디에서 유래 되었을까?

---

21 『세종실록(世宗實錄)』 6년 12월 6일과 『성종실록(成宗實錄)』 24년 4월 28
일 기록에 의하면 독이 있는 복어는 모두 '하돈(河豚)'이라는 명칭으로
기록되어 있다. 필부(匹夫)들이 복어를 잘못 먹고 죽음에 이르거나 고
의적으로 복어의 독을 음식물에 타서 독살하는 경우도 있었다는 기록
이 있다. 그리고 허균(許筠)은 『성소부부고(惺所覆瓿藁)』에서 한강에서
나는 것이 맛이 좋지만 독이 있어 사람이 많이 죽고, 영동 지방에서 나
는 것은 맛이 좀 떨어지지만 독이 없다고 하였다. 또 이덕무(李德懋)는
『청장관전서(靑莊館全書)』에서 먹는 일로 생명을 바꾸어서는 안 된다고
하면서 하돈탕을 먹지 말 것을 당부하였고, 『산림경제(山林經濟)』나 『농
정회요(農政會要)』에는 복어를 먹고 위험에 처했을 때 독을 제거하는 방
법을 자세히 기술해 놓았다.

하돈(河豚)은 중국에서 유입된 한자어로 중국에서 복어를 통칭하는 명칭이다. 중국어 발음은 [hétún]이다. 하돈(河豚)은 본래 바다에 사는 복어가 산란기가 되면 황하를 거슬러 올라가서 황하의 중상류에서 산란을 하기 때문에 '황하에서 나는 돼지처럼 생긴 물고기'라는 뜻에서 이르던 말이다. 그러나 중국에서도 처음부터 복어를 하돈(河豚)으로 부른 것은 아니다. 하돈(河豚)의 이름은 명(明)나라 때부터 본격적으로 시작된 것으로 그 이전에는 '하돈(河豚)' 또는 '강돈(江豚)'이라고 하였고,[22] 이후에도 중국에서의 복어 이름은 자전류와 의서류 등에 나타나는 훈고학적 지식과 자연과학적 지식의 변화로 인해 다양한 이름들이 혼용되어 사용되었다. 하돈(河豚)의 의미를 가장 분명하게 구분하고 있는 『한어대사전(漢語大辭典)』에서 그 의미를 살펴보면 다음과 같다.

---

22 명(明) 말에 이시진(李時珍)이 간행한 『본초강목(本草綱目)』(1596)에서 하돈(河豚)과 강돈(江豚)을 거의 정확하게 구별하고 있는데, 이시진에 따르면 오늘날의 복어는 하돈(河豚)이 분명하다. (釋名-鯸鮧(一作鯸鮐), 鯯鮧(日華), 鯢魚(一作鮭), 嗔魚(拾遺), 吹肚魚(俗), 氣包魚. 時珍曰, "豚, 言其味美也. 侯夷, 狀其形醜也. 鯢, 謂其體圓也. 吹肚, 氣包, 象其嗔脹也. 北山經, 名鯆魚.) 이와 비슷한 시기인 명말청초(明末靑初)의 『정자통(正字通)』에서도 "후(鯸)와 이(鮐)는 모두 하돈(河豚)의 별명이다."라고 하였으니 하돈(河豚)이 복어라는 데에는 이견이 없다.

"하돈(河豚)은 하돈(河魨)으로 쓰기도 한다. 물고기 이름
이다. 원통형으로 생겼고, 이빨은 다물면 널빤지 모양이
된다. 등 부분은 흑녹색이고 배 부분은 흰색이며 지느러미
는 자홍색이다. 고기 맛이 좋지만 간장과 생식선 및 혈액
에 강한 독이 있기 때문에 처리를 잘 한 뒤에야 먹을 수 있
다. 중국의 연해와 강에서 잡힌다.(亦作河魨. 魚名. 體圓筒形,
口小, 牙癒合成牙板. 背部黑綠色, 腹部白色, 鰭紫紅色. 肉味鮮美, 肝
臟, 生殖腺及血液有劇毒, 經處理後可食用. 我國沿海和某些內河有
出産.)"

복어는 원래 바다에서 서식하지만 『한어대사전(漢語大辭典)』
에서도 볼 수 있듯이 중국의 복어는 하천에서도 서식하기 때문
에 '강'의 의미를 나타내는 '하(河)'자와 복어의 맛이 돼지고기처
럼 뛰어나기 때문에 '돈(豚)'자가 붙여져 '하돈(河豚)'이라 불렀다.
　일본의 헤이안(平安) 시대에는 복어를 '布久(ふく)', '布久閉(ふく
へ)'로 불렀고, 에도(江戶) 시대 중기부터 관동 지역에서는 복어를
'ふぐ'로 부르면서 전국적으로 그 이름이 불리게 되었다. 현재에
도 시모노세키(下關)나 주고쿠지방(中國地方) 일부에서는 복어를
'ふく'로 불린다.

그리고 일본에서 복어는 해저에서 모래를 뿜어내는 갯지렁이 류를 먹는 성질이 있어서 'ふく'의 어원에는 '불다'는 의미를 가진 '吹く'가 있다는 설이 있다. 또 '주머니'를 의미하는 'ふくろ', '장딴지'를 의미하는 'ふくらはぎ', '포동포동'을 의미하는 'ふくよか', '부풀다'를 의미하는 'ふくれる' 등 '불룩한 것'을 나타내는 것에 'ふく'가 많이 사용되고 있으며 복어 역시 부풀어 오르는 특성으로 이 어간으로부터 복어의 이름이 시작되었다는 설도 있다.[23]

서양에서는 복어가 잡히면 소리를 내면서 배를 부풀려 둥근 공처럼 된다고 해서 'puffer fish' 혹은 'blow fish'라고 한다.

2) 복어 이름의 종류 및 의미

우리나라에서 복어의 이름은 '하돈(河魨)', '하돈(魺魨)', '하돈(河豚)', '후이(鯸鮧)', '호이(鯱鮧)', '규어(鰕魚)', '진어(嗔魚)', '후태(鯸鮐)', '취두어(吹肚魚)', '기포어(氣泡魚)', '반어(班魚)', '구어

---

23 표주박을 의미하는 '瓢箪(ひょうたん)'은 '바가지'를 뜻하는 '瓠瓢(ふくべ)'로 불리는데 그 모습이 복어의 형상과 비슷하여 복어를 'ふくべ'라고 부르다가 'ふく'가 되었다는 설도 있지만 '瓠瓢(ふくべ)'도 '부풀다'라는 것과 같은 유래이므로 'ふくべ'만 특별히 취급하여 어원으로 할 필요는 없는 듯하다.

(毯魚)', '대모어(代瑁魚)', '앵무어(鸚鵡魚)', '마어(麻魚)' 등 다양하게 존재한다. 이 중 한자어로 된 복어의 이름은 대부분 중국에서 유입된 것이다. 그러나 작자, 편성 시기, 지역 등 확증할 수 있는 것이 아무것도 없는 『산해경(山海經)』에서부터 그 이름들을 가져 왔기 때문에 그 어원이나 유래 등에 대한 정확한 근거자료가 부족하다. 그래서 실제 이 이름들이 정말 복어를 지칭하는 것인지는 알 수가 없다.

우리나라에서 '하돈(河豚)'이라는 이름은 『세종실록(世宗實錄)』에서부터 시작되는데 이후 『성소부부고(惺所覆瓿藁)』, 『청장관전서(青莊館全書)』, 『산림경제(山林經濟)』, 『농정회요(農政會要)』등에서도 '하돈(河豚)'이란 이름을 찾아볼 수 있다.

그렇다면 우리나라에서 흔히 복어를 지칭하는 '복' 또는 '복어'의 이름은 언제부터 사용되었을까? '복'이란 이름은 조선 시대 한자 학습서인 『훈몽자회(訓蒙字會)』에서 처음 나타난다. 그리고 '복어'란 이름은 조선에서 근대로 가는 전환기의 주제별 분류 한자 정보 사전인 『자류주석(字類註釋)』에서 처음 나타나고 이후 조선 시대의 대표적 한자 자전인 『전운옥편(全韻玉篇)』을 비롯한 일제강점기에 편찬된 『국한문신옥편(國漢文新玉篇)』, 『자전석요(字典釋要)』, 『한선문신옥편(漢鮮文新玉篇)』, 『신자전(新字典)』 등의 자전에서도 복어의 이름은 물론 복어를 지칭하는 여러 한자를 볼 수 있다.

한국 자서류에 '복어'를 지칭하는 한자

서명	표제자	한문주석
『훈몽자회』	魺	복【하】. 即河豚.
	魨	복【돈】. 俗呼鮰魨魚. 又呼魺魨, 字本作河豚. 又믈:아•치曰江豚.
『자류주석』	魨	복싱션【돈】. 河魨, 又：河豚, 狀如蝌蚪, 無鱗腮, 大者尺餘, 目能眹者, 目出有毒. 又名鯸鮧, 鯢鮧, 健乙魚.
	鯎	복【호】. 河豚. 又名嗔魚.
	鯸	복【후】. 鯸鮧, 河豚. 一曰鯸鮧魚. 又曰：鮀也.
	鮐	복【티】. 河豚別名, 背上青黑有黃文. 老人消瘠, 背若鮐魚, 有鮐文.
	鮭	복【규】. 河豚, 鯸鮐. 又：魚菜總名.
	鯆	복【포】. 鮄仝. 江豚別名, 尾毒.
『국한문신 옥편』	鮐	복어【티】. 河豚別名. 老人, 鮐背. (灰).
	鮭	복어【히】. 河豚. 又魚菜總名. (佳).
	鰒	견복【박】. 俗【복】. 魚名, 似蛤, 有殼, 一面附石, 細孔或七或九, 一名石決明. (覺).
『자전석요』	魨	【돈】. 毒魚, 河魨. 복생션【돈】. (元).
	鮐	【티】. 河豚. 복생션【태】. (灰).
	鮭	【히】. 河豚. 복생션【해】. 〇魚菜. 어채【해】. (佳).
	鮧	【이】. 河豚之別名. 복생션【이】. (支).
	鯆	【포】. 江豚. 복생션【포】. (虞).

서명	표제자	한문주석
	鯆	【부】. 江豚. 복생선【부】. (虞).
	鰒	【복】. 似蛤, 偏著石. 생복【복】. (覺).
	鮖	【호】. 河豚. 복생선【호】. (虞).
	鮭	【규】. 河豚. 복생선【규】. (支).
	鰭	【보】. 江豚. 복생선【보`】. (麌).
	鈍	복싱션【돈】. 毒魚, 河魨, 一名鮫鮐. 아감젓【돈】. 鮖鮐. (元).
	鮌	복싱션【환】. 鯸也, 黃鮌尾, 具刺. (諫).
	鮐	복싱션【티】. 河豚別名. 又老人, 鮐背. (灰).
	鮭	복싱션【히】. 河豚. 又魚菜總名. (佳).
	鮧	복싱션【이】. 河豚之別名. (支).
『한선문신 옥편』	鯆	복싱션【포】. 江豚別名, 尾毒. (虞).
	鯆	복싱션【부】. 江豚. (虞).
	鰒	전복【복】. 魚名, 似蛤, 有殼, 一面附石, 細孔或七或九, 一名石決明. (覺).
	鮖	【호】. 河豚. 복생선【호】. (虞).
	鮭	복싱션【규】. 河豚. (支).
	鰭	복싱션【보】. 江豚. (麌).
	鈍	【돈】. 河豚, 毒魚, 一名鮫鮐, 又鮖鮐. 복. (元).
『신자전』	鮐	【태, 티】. 河豚別名. 복.『史記』: 鮐鮆千斤. ○老人鮐背. 늙은이 등에복문의날.《詩》: 黃耇鮐背. (灰).
	鰒	【박】俗.【복】. 魚名, 似蛤有殼, 一面附石, 細孔或七或九, 一名石決明. 전복.『史記』: 王莽陷鰒魚. (覺).

위의 자서류에서 중복된 한자를 제외하면 복어를 지칭하는 한자는 '하(魺), 후(鯸), 돈(魨), 환(鮠), 태(鲐), 규(鮭), 이(鮧), 포(鯆), 부(鰾), 보(鰒), 호(鯛), 규(鮱), 보(鱝)'로 총 13자이며 대부분 한국어로 '복, 복싱션, 복생선'의 이름으로 나타난다. 특히『한선문신옥편(漢鮮文新玉篇)』'돈(魨)'자는 복어 명칭 외에 '아감젓'의 의미를 가지고 있는데 아감젓은 물고기의 아가미와 이리를 삭힌 음식을 말하는 것으로 당시 복어가 우리 실생활에서 이미 먹거리로 활용되고 있었음을 알 수 있다. 그리고 각 자전의 한문주석을 살펴보면 '하돈(河魨)', '하돈(河豚)', '후이(鯸鮧)' 등과 같이 한자어로 된 복어의 이명(異名)을 함께 볼 수 있는데 이 또한 중국에서 유입된 복어의 이름이 우리나라에서 상당수 사용되고 있었음을 알 수 있다.

김려(金鑢)의『우해이어보(牛海異魚譜)』에서는 복어에 대해 다음과 같이 기록하고 있다.

> 석하돈의 이름은 복회이다. 모양은 하돈과 같으나 작은 것이 다른 점이다. 진해사람들은 하돈의 새끼라 한다. 내가 복을 살펴보니 턱 아래는 자색이고, 팥 모양의 혹이 있으니 이는 하돈의 새끼가 아닌 것이다. 그러나 하돈과 같

은 조상을 둔 다른 족속일 것이다. 이 물고기는 성질이 심히 사납고 독하다. 처음 잡혀 나오면 성이 나서 배를 부풀어 오르고 입으로 늙은 개구리가 부르짖는 합합하는 소리를 낸다. 배를 돌 위에 놓고 문지르면 더욱 화가 나서 거위 알처럼 부풀어 오른다. 커다란 돌로 눌러 놓으면 이빨이 부서지고 눈이 깨져도 부풀어 오른 배는 그대로 줄어들지 않는다. 가장 부풀어 올랐을 때 돌로 세게 치면 땅을 울리는 벽력같은 소리를 낸다. 배를 살펴보면 가운데가 칼로 가른 듯하고 등의 살은 모두 문드러져서 진흙탕 같다. 그래도 부풀어 오르는 것이 복의 가죽 같아 두드리면 공공 소리가 난다. 이 물고기는 낚시를 삼켜도 죽지 않고 외려 낚싯줄을 끊는다. 지역 사람들이 잡아서 종종 삶아 먹는데 사람에게 복통을 일으킨다. 다른 한 종류는 이름이 작복증이다. 일면 청연증으로 아주 작다. 등에 흰 점이 있고 눈알은 돌출하고 청록색이어서 마치 잠자리 눈과 같다. 항시 물가에 있어 나비, 벌, 거미, 소금쟁이와 같은 벌레들을 먹는다. 밀물이 들면 물 위로 떠올라 여러 물고기들의 악한 침과 독한 오줌을 먹어서 더욱 맹독을 가지게 된다. 그래서 독성이 더욱 심하며 잘못 먹으면 사람이 죽는다. 또 다

른 한 종류가 있는데 이름이 나하돈이다. 복중에 비해 무
척 크다. 독성이 있으며 소리는 까마귀 같고 온몸이 좀먹
은 것처럼 부패되어 마치 옴두꺼비 같다. 사람이 만지면
옴과 어루러기 같은 헌자리가 생긴다. 또 다른 한 종류는
이름 황사복중이다. 약간 작고 반점이 없이 온 몸이 황색
이다. 만지면 금빛 잔모래 같은 가는 가루가 떨어지고 옷
에 묻으면 치자와 같은 황색물이 들어 빨아도 지지 않는
다. 옴을 생기게 할 수도 있고 독성이 아주 심하다.(石河鮑
名鰒鱠. 形如河豚而少異. 土人以爲河豚子. 然余見鰒鱠, 頷下有紫色
肉疣如赤豆, 以此知非河豚子. 然盖與河豚同祖, 而異族者. 此魚性甚
悍毒. 初捕出則怒腹彭張口中闇闇, 作老蛙叫. 以腹傅石上艖磨之, 則
愈怒張如鵝卵. 以巨石堅壓, 齒碎眼破, 而張猶不銷. 方劇張時, 以石
子急打, 則殷地作霹靂聲. 腹坼如刀剖中央脊肉. 皆糜傷如泥, 而坼腹
兩邊, 猶張如鼓皮, 敲之則倥倥. 然此魚吞釣不死, 又善斷釣絲. 土人
捕得, 往往煮食, 然令人腹痛. 有一種名鵲鰒鱠, 一名蜻蜓鱠魚甚小.
背皆白點, 眼珠突出, 青綠色如蜻蜓眼. 常在水邊, 捎食胡蝶蜂兒蜘蛛
海螖水馬諸蟲. 潮至則浮水上, 歡衆魚惡涎毒尿, 故尤有大毒. 誤食殺
人. 又有一種名癩河鮑. 比鰒鱠甚大. 有大毒聲如烏鴉, 渾身瘰毁如癩
蝦蟆. 人摩之生疥癬癩瘃. 又有一種名黃沙鰒鱠. 稍小而無斑點, 渾身

黃色. 摩之則屑落如泥金細沙, 染衣作梔子黃色瀚之不洗. 能生瘡鰒,
有大毒.)

『우해이어보(牛海異魚譜)』에서는 복어에 속하는 종류로 '석하
돈(石河豚)', '작복회(鵲鰒鱠)', '나하돈(癩河魨)', '황하복회(黃河鰒
鱠)' 등이 실려 있지만 석하돈(石河豚)을 비롯한 다른 물고기 이름
들이 다른 문헌에서는 확인되지 않아 복어를 말하는 것인지 정
확하게 알 수가 없다.

정약전(丁若銓)의 『자산어보(玆山魚譜)』에서는 복어를 '돈어(魨
魚)'[24], 속명으로 '복전어(服全魚)'라고 했으며, 이를 '검돈(黔魨)',
'작돈(鵲魨)', '활돈(滑魨)', '섭돈(澁魨)', '소돈(小魨)', '위돈(蝟魨)',
'백돈(白魨)' 등으로 나누어 그 특성을 설명하고 있다.

한국 복어의 종류

종류	의미
검돈 (黔魨)	한국어로 '자주복'이라고 함. '복장어', '복쟁이'라고도 함. 고창에서는 '금복', '수릉태'라고도 부름. 대체로 검은 빛깔 띄어 '검돈(黔魨)'이라고도 함.

---

24 중국에서는 '돈어(豚魚)'에 대해 강돈(江豚)설과 하돈(河豚)설로 나눠지
는데, 한국에서는 돈어(豚魚)를 하돈(河豚) 즉, 복어로 여겼다.

종류	의미
작돈 (鵲魨)	한국어로 '까치복'이라고 함. 몸통이 조금 작고 등에 얼룩무늬가 있는데 까치의 색이 흰색과 검정색으로 이루어져 있는 것과 비슷하여 '작돈(鵲魨)'이라고도 함. 『우해이어보(牛海異魚譜)』에는 이와 연관된 기록으로 '작복회(鵲鰒鱠)'라 하여 그 모양이 잠자리와 비슷하여 붙여진 이름이라 하였음.
활돈 (滑魨)	한국어로 '밀복'이라고 함. 흑색 무늬를 띠고 매끄러워서 '활돈(滑魨)'이라고도 함.
삽돈 (澁魨)	한국어로 '까칠복'이라고 함. 배에 잔가시가 있다하여 '삽돈(澁魨)'이라고도 힘.
소돈 (小魨)	한국어로 '졸복' 또는 '복섬'이라고도 함. 위험에 처하면 배를 부풀리고, 등과 배에 섬게(성게)처럼 가시가 돋아 있기 때문에 붙인 이름. (복섬은 복(어)+섬(게)」복섬.) 활돈(滑魨)과 비슷하지만 몸통이 그보다 매우 작음. 큰 놈은 0.7~0.8척을 넘지 않음. 최대 몸길이 30cm로 '소돈(小魨)'이라고도 함
위돈 (蝟魨)	한국어로 '가시복'이라고 함. 형상은 돈어와 유사하고 온몸이 모두 가시여서 마치 고슴도치와 같다하여 '위돈(蝟魨)'이라고도 함.
백돈 (白魨)	한국어로 '흰복'이라고 함. 몸통의 색이 순백이라 '백돈(白魨)'이라고도 함. 그러나 현재 어종(魚種) 중에 '흰복'은 없으며 당시에 있었던 어종(魚種)이었으나 현재는 멸종되었을 가능성을 배제할 순 없음.

『자산어보(玆山魚譜)』에서는 '졸복(拙鰒)'에 대응하는 것을 '소돈(小魨)'으로 기록하고 있다. '졸(拙)'자는 그 뜻과 음이 '못날 졸, 졸할 졸'로 '졸고(拙稿)', '졸부(拙夫)', '졸장부(拙丈夫)' 등의 단어에 사용되는데, 이때 '졸(拙)'이 '왜소하고 못남'의 의미와 유관한 것으로 보아 '소졸(小拙)'의 대응은 충분히 가능하다고 본다.

그리고 『자산어보(玆山魚譜)』에서는 복어를 '반어(班魚)', '앵무어

(鸚鵡魚)'[25], '마어(麻魚)'[26]등으로 기록되어 있고, 『임원경제지(林園經濟志)』에서는 '대모어(代瑁魚)'[27]라 부르기도 했다는 기록이 있다.

서유구(徐有榘)의 『난호어목지(蘭湖魚牧志)』에서는 복어를 하돈(河豚)으로 소개하고 있는데 그 기록은 다음과 같다.

> 하돈(河豚) [복] 몸이 짧고 배가 불룩하며 입은 작고 꼬리는 모지라졌으며 이빨은 있으나 지느러미는 없다. 등은 검푸르고 누른 무늬가 있으며 배 아래는 희면서 빛나지 않는다. 물건에 접촉하면 성을 내어서 부풀어 기구와 같이 되면서 물 위에 떠오른다. 그래서 일명 '진어(嗔魚)', '기포어(氣泡魚)', '취두어(吹吐魚)'라 부른다. 『산해경』에는 '적규(赤鮭)'라 했고, 『논형』에서는 규(鮭)의 간이 사람을 죽인다고 했으며 뇌공(雷公)의 『포구론』에서는 '규어(鮭魚)'라 했고, 『일화자』에서는 '호어(鯸魚)'라 했고, 『촉도부』에서는 '후태(鯸鮐)', 『본초집해』에서는 '후이(鯸鮧)'라고 했는데 모

---

25 복어의 이빨이 앵무새의 부리와 비슷해서 얻어진 이름이다.

26 물속에서 눈을 감았다 떴다 하면서 눈 가장자리의 근육으로 조절하는데 마치 '마술을 부린다'하여 얻은 이름이다.

27 대모(代瑁)는 삼국 시대와 고려 시대에 상아와 은 등을 사용하여 머리에 꽂는 장식품이나 고급의 빗 등을 만드는데 사용되는 고급 재료이다.

두 이 물고기이다.(河豚 [복] 身促肚飽, 口小尾禿. 有齒無鬣, 背青
黑有黃文, 腹下白而不光. 觸物則嗔怒, 澎漲如氣毬, 浮於水上, 故一
名嗔魚, 一名氣包魚, 一名吹吐魚. 「山海經」所謂, 赤鮭, 「論衡」所謂,
鮭肝死人, 電公「炮炙論」所謂, 鯸魚「日華了」所調, 䲘魚「蜀都賦」所
謂, 鮩鮐, 「本草集解」所論, 鯸鮧, 皆此魚也.)

유희(柳僖)의 『물명고(物名攷)』에서는 복어를 다음과 같이 기록
하고 있다.

　　　"하돈은 모양은 올챙이를 닮았고 큰 것은 1자 남짓이 된
　　다. 비늘이 없고 아가미가 없으며 화를 내면 배가 부풀어
　　오른다. '복'이다. 후이(鯸鮧), 호이(䲘鮧), 규어(鯸魚), 취두어
　　(吹肚魚), 기포어(氣包魚)는 하돈과 같은 것이다. 서시유(西施
　　乳)는 하돈의 뱃속 기름이 희어서 붙은 이름이다.(河魨 狀如
　　科斗, 大者尺餘. 無鈴無腮, 怒則腹眼. 복. 鯸鮧, 䲘鮧, 鯸魚, 吹肚魚,
　　氣包魚仝. 西施乳, 河魨腹中白.)

이 외에도 한국에서 복어의 방언으로 '복지(경남)', '복재이(경
남)', '복찌이(경남)', '뽁징이(경남)', '뽁쟁이(경남)', '뽁지(경북)', '복

제니(전남)', '복쟁이(전북)', '뽁젱이(강원도)', '뽁쨍이(강원도)', '복젱
이(제주도)', '복다리(제주도)', '보가지(북한)' 등이 있다.

중국에서도 복어의 이름은 '하돈(河魨)', '하돈(河豚)', '후이(鯸
鮧)', '후태(鯸鮐)', '호이(鰗鮧)', '규어(䰇魚)', '규(鮭)', '진어(嗔魚)',
'취두어(吹肚魚)', '기포어(氣包魚)', '반어(斑魚)' 등 다양하고 '서시
유(西施乳)'라고 부르기도 한다. 서시유(西施乳)는 『본초강목(本草
綱目)』에서 복어를 서시유(西施乳)에 비유하여 표현한 것으로 '복
어 껍질과 점막 사이의 살이 월나라의 절세미인인 서시(西施)의
젖가슴처럼 부드럽고 희다'라고 한 것에서 유래하여 붙여진 이
름이다. 중국의 복어 이명(異名)을 정리하면 다음과 같다.

중국의 복어 이명(異名)

분류	이름	의미
서식지	하돈 (河豚)	하돈(河豚)의 '하(河)'는 복어가 바다에서 태어나 서식하지만, 중국에서는 하천에서도 복어가 있기 때문에 '강'의 의미를 나타내는 '하(河)'자를 가져온 것임. '돈(豚)'은 복어의 모습이 돼지와 비슷하다고 해서 따온 것이라는 설도 있고, 새끼 돼지처럼 맛이 좋기 때문에 따온 것이라는 설도 있음. 그리고 '돈(豚, 돼지)'자는 '저(猪, 멧돼지)'자이기도 해서 쉽사리 화를 내는 (멧)돼지의 모습을 떠올릴 수 있는데 복어도 돼지처럼 쉽게 화를 내며 배를 부풀리는 모습 때문에 돈(豚)이라는 이름을 붙였다는 설도 있음. 이처럼 비록 강(河)에서 잡히지만, 땅에 사는 돈(豚)이나 저(猪)와는 여러 면에서 공통점이 있다 보니 '하돈(河豚)'이라는 이름이 붙여짐.
	하돈 (河魨)	

분류	이름	의미
외형적 특징	기포어 (氣泡魚)	거품을 가리키는 한자어 '기포(氣泡)'와 물고기를 지칭하는 '-어(魚)'가 결합된 이름으로 공기를 흡입하여 배를 부풀게 한다는 뜻에서 얻은 이름.
	취두어 (吹肚魚)	복어의 배가 볼록하게 부풀려 있는 형상에서 생긴 이름.
	후이 (鯸鮧)	후이(鯸鮧)의 '후(鯸)'는 『광아(廣雅)』에서 "鯸, 魠也."라 하여 '자가사리'를 가리킴. 자가사리는 퉁가릿과의 민물고기로 네 쌍의 수염이 있고 입이 아래로 향하여 있는 것이 복어와 그 생김새가 비슷함. '이(鮧)'는 『본초강목(本草綱目)』과 『이아익(爾雅翼)』에서 메기인 '점어(鮎魚)'를 가리킴.[28] 이 두 글자가 합쳐져 메기과와 비슷하게 생긴 것에서 붙여진 이름인 것 같음.
	호이 (鯱鮧)	호이(鯱鮧)의 '호(鯱)'에 사용한 '후(胡)'와 후이(鯸鮧)의 '후(鯸)'에 사용한 '후(候)'는 모두 동일한 음이고, 이는 동음대체 현상으로 당시 서로 바꿔가며 사용했던 한자임.
	진어 (嗔魚)	'성내다'는 의미의 '진(嗔)'자와 물고기를 지칭하는 '-어(魚)'가 결합된 이름으로 복어를 건드리면 화를 내어 배가 불러오는 형상으로 생긴 이름.
	후태 (鯸鮐)	후태(鯸鮐)의 '후(鯸)'는 후이(鯸鮧)와 같이 복어의 생김새가 자가사리와 비슷하여 이름에 사용한 한자임. 태(鮐)는 『이아(爾雅)』「석고상(釋詁上)」에서 "鮐背耉老壽也."라 하여 '태배(鮐背)는 노인으로 장수하는 것이다'라고 하였는데, 곽박(郭璞)의 주(注)에 따르면 "鮐背背皮如鮐魚"라 하여 '태배(鮐背)는 등의 피부가 복어의 무늬처럼 검버섯이 핀 것이다.'라고 풀이함. 그리고 어떤 지역에서는 복어에 반문(斑紋)이 있어 '태어(鮐魚)'로 알려지기도 하였는데 이는 복어의 몸에 있는 무늬로 인해 '태(鮐)'자가 사용된 것으로 보임. 그래서 후태(鯸鮐)는 복어가 바다표범의 생김새와 유사하고 얼룩무늬가 있다는 점에서 유래된 듯함.[29]

---

28 『本草綱目』: "鮧魚, 卽鯷也. 今人皆呼慈音, 卽是鮎魚."
　　『爾雅翼』: "鮧魚偃額, 兩目上陳, 口方頭大尾小, 身滑無鱗, 謂之鮎魚, 言黏滑也."

29 중국에서는 복어를 달리 '반어(斑魚)'라고도 칭한다. 그러나 반어(斑魚)는

분류	이름	의미
	규어 (鮨魚), 규어 (鮭魚)	규어(鮨魚)의 '규(鮨)'는 '규(規)'와 '어(魚)'로 구성된 글자로 '규(規)'는 법규나 규칙의 기본적인 뜻 외에 일정한 규격대로 정확하게 원을 그려 내는 '그림쇠'를 뜻하기도 하고,[30] 해·달처럼 둥근 것을 지칭하기도 하여[31] 둥근 형태의 물고기 이름에도 사용됨. 지금의 소흥(紹興)인 절동(浙東) 지역 사람들이 하돈(河豚)을 '규어(規魚)'라고 불렀는데, '해규(海規)', '취두어(吹肚魚)'라고도 말함.[32] 이후 물고기의 의미를 더 구체화하기 위해 '규(規)'에 '어(魚)'가 붙어서 지금의 '규(鮨)'가 된 듯함. 규어(鮨魚)는 『본초강목(本草綱目)』에서도 일명 '후이(鯸鮧)'라고 하는데 조금만 건드려도 기구와 같이 배를 가득 부풀린다 하여 '진어(嗔魚)'라고도 함.[33] 그리고 『본초강목(本草綱目)』에서 하돈(河豚)은 『식료본초(食療本草)』의 '후이(鯸鮧)'와 『본초습유(本草拾遺)』의 '규어(鮨魚)'를 아울러 넣음.[71] 반면 규어(鮭魚)는 중국 문헌상에 이름만 거론될 뿐 그 어원이나 유래는 찾지 못했음. 다만 중국 고대음을 살펴보면 규어(鮨魚)에 사용한 '규(規)'와 규어(鮭魚)에 사용한 '규(圭)'는 모두 동일한 음이고 이는 동음대체 현상으로 당시 서로 바꿔가며 사용했던 한자임. 그래서 당시 복어를 '규어(鮭魚)' 또는 '규어(鮨魚)'로 서로 바꿔가며 사용된 이름이 아닌가 싶음. 어쨌든 규어(鮨魚)와 규어(鮭魚)는 복어의 몸이 둥글다는 뜻에서 얻은 이름임.

'예(濊)의 바다에서 나는데 사신이 와서 바쳤다.'는 기록이 있는데, 『후한서(後漢書)』에서 살펴보건대 반어의 속명(俗名)은 '수조기'라 하였다.

30 하영삼, 『한자어원사전』, 도서출판3, 2014.

31 『康熙字典』【謝靈運·遊南亭詩】密林含餘淸, 遠峰影半規. 【註】日落峰外, 隱其半也. 【韓愈·翫月詩】前夕雖十五, 月長未滿規. 【文苑英華·海日初出賦】赫赫光滿, 規規質圓.

32 『康熙字典』【沈括·補筆談】浙東人呼河豚爲規魚. 又有生海中者, 腹上有刺, 名海規吹肚魚.

33 『本草綱目』: "鮨魚, 一名鯸鮧. 以物觸之, 卽塡腹如氣毬. 亦曰嗔魚. 白背有赤道, 如印, 魚目得合, 與諸魚不同, 卽今河魨也."

분류	이름	의미
구어 (毬魚)	구어(毬魚)의 '구(毬)'는 공과 같이 구형이나 이에 가까운 물체를 가리키는 것으로 복어의 형상이 공 모양으로 둥글게 한다는 뜻에서 복어의 이름에 이 글자가 사용됨.	

　중국에서도 지역마다 복어를 다르게 부르는데 강소(江蘇)와 절강(浙江)에서는 '하돈어(河魨魚)'라 하고, 광동(廣東)에서는 '괴어(乖魚)'와 '계포(雞抱)', 광서(廣西)에서는 '귀어(龜魚)', 복건(福建)에서는 '가어(街魚)', 하북(河北)에서는 '사두(蜡頭)'와 '함발어(艦鈸魚)'라고 부른다.

　반면 일본에서는 한국과 중국에서와 달리 한자어로 된 복어의 이름보다 발음의 유사성에 따른 복어의 이름이 더 다양하게 존재한다. 현재 일본에서 일반적으로 말하는 복어의 이름은 '하돈(河豚)'이고, 일본어 발음은 'フグ' 또는 'ふぐ'이다. 그런데 일본 복어의 본고장 시모노세키(下関)에서는 여전히 옛 이름인 'ふく'를 사용하고 있다. 이것은 옛 이름을 그냥 사용한다는 의미와 함께 '복(福)'을 뜻하는 일본어 발음 'ふく'와 복어를 말하는 'ふく' 발음이 같기 때문이다. 그래서 복어는 '복이 있는 고기'라는

---

34 『本草綱目』: "河豚, 宋開寶校正, 並入《食療》鰷鮧·《拾遺》鯢魚."

의미에서 'ふく(福)'라고도 부른다. 일본의 오사카(大阪) 지역에서는 복어를 'てっぽう(鐵砲)'라고도 한다. 'てっぽう(鐵砲)'는 총포류 특히 '소총'을 의미하는데 총알(たま)을 맞으면(あたる) 죽는다는 뜻에서 복어 알(たま=독)을 먹으면(あたる) 총알을 맞는 것과 마찬가지로 죽는다는 '위험성'을 강조한 것에서 비롯된 이름이다. 즉, 복어 독을 잘못 사용하면 바로 사망하거나 몸이 지릿지릿하다고 해서 'てっぽう(鐵砲)'라는 별명이 붙은 것이다.[35] 일본의 나가사키현(長崎県)에서는 복어를 'がんば'라고 한다. 'がんば'는 '관'을 의미하는 '龕桶(がんばこ)'에서 '龕桶(がんばこ)'을 마련하고서라도 먹고 싶다(목숨을 걸고서라도 먹고 싶다)는 뜻으로 '龕桶(がんばこ)'를 줄여서 'がんば'로 바뀐 것에서 유래되었다고 한다.

일본에서 복어를 지칭하는 '복(鰒)', '후(鯸)', '돈(魨)'의 한자는 일본어로 'ふぐ'라고 읽는다. 사실 '복(鰒)'은 원래 '전복'을 일컫는 한자이지만 'ふぐ'라고 읽는 것에서 복어를 의미하는 한자로

---

35 원래 일본에서 복어 취식이 금지된 때에 'テッポウ'나 'テツ'은 복어의 은어로서 사용되어진 것이다. 에도(江戸)시대에는 '鉄砲'가 전국적으로 사용되었지만 현재는 오사카에서만 사용되어지는 듯하다. 오사카에서는 복어회를 'てっさ', 복국을 'てっちり'로 부르지만 점점 사용되지 않는 듯하다.

사용된 것이다.[36] '후(鯸)'는 훈독인 '후(侯)'가 '부풀다'는 의미를 나타낸 것에서부터 '크게 부푸는 물고기'가 바로 복어를 지칭하게 된 것이고, '돈(魨)'은 '돈(豚)'의 이체자(異體字)로 '하돈(河魨)'의 표기가 남아 '돈(魨)'자가 독립되어 복어를 지칭하게 된 것이다. 일본에서의 복어 이명(異名)을 정리하면 다음과 같다.

일본의 복어 이명(異名)

분류	이름	의미
서식지	河豚	강에 사는 돼지
	魨	'豚'의 이체자(異体字)
외형적 특징	袋(ふくろ), 脹ら脛(ふくらはぎ), ふくよか, 膨れる(ふくれる)	주머니, 장딴지, 포동포동, 부풀다.
	鯸	부풀다
발음의 유사성	福(ふく)	복
	吹く(ふく)	불다
	鰒(ふく)	원래는 전복, 음독이 '후쿠'
습성	鉄砲(てっぽう), てっぽう, てっぽ, てっちり, てっさ	총
	吹く(ふく)	불다(모래를 불어 갯지렁이를 잡아 먹는 습성)

---

36 무로마치(室町) 시대의 『국어사전(国語辞典)』節用集(せつようしゅう)에 '鰒(ふぐ)'가 처음으로 보여진다.

이 외에도 세토 근해 지방(瀬戸内海地方)에서는 복어를 'ナゴ
ヤ'[37], 가시고마현(鹿児島県)에서는 'ジュッテントン'[38]라고도 부
른다.[39]

3) 복어의 문화사

복어의 어원 및 유래, 복어의 다양한 이름이 갖는 의
미를 살펴보니 한·중·일 삼국에서 동일하게 사용되고 있는 복어
의 이름은 '하돈(河豚)'이다. 하돈(河豚)은 중국에서 한국과 일본
에 전래된 것으로 '강에 사는, 돼지같이 생긴 물고기'를 말하는데
복어가 배에 바람을 넣으면 볼록하고 마치 돼지같이 뚱뚱해져서
붙여진 이름이다.

---

37 37 일본 세토 근해지방(瀬戸内海地方)에서 'ナシフグ', 'コモンフグ', 'ヒガ
ンフグ' 등은 일부 복어를 일컫는 말로 사용된다. '当たれば身の終わ
り(걸리면 일신의 끝)'→'みのおわり(일신의 끝)'→'美濃(みの)·尾張(おわ
り)', 尾張(おわり, 옛지명, 愛知県의 각 일부)라고 하면 나고야가 연상되어
'ナゴヤフグ'가 되었다는 것이다.

38 가고시마현(鹿児島県) 시부시시(志布志市) 지방에서 사용되는 이름으
로 '十転倒(じゅってんとう)'가 사투리로 불렸다고 하는데 복어 독을
먹으면 10번 넘어져 구를 정도로 고통스럽다는 의미에서 붙여진 이
름이다.

39 https://www.fugu-sakai.com/magazine/learn/2958/

하돈(河豚)의 이름이 한국과 일본에 유입된 경로를 살펴보면 중국 송(宋)나라 소동파(蘇東坡)에 의해서 각국에 전파되었을 가능성이 크다. 왜냐하면 우리나라의 경우 조선 후기 문신 서영보(徐榮輔)의 『죽석관유집(竹石館遺集)』을 보면 "복사꽃이 무수한 계절에 미나리, 참깨 맛이 그리워라. 이제 복어 계절을 또 보낸다."는 내용이 나온다. 여기에 나오는 복어는 소동파(蘇東坡)의 시와 많이 닮았다.[40] 아무래도 조선 시대 문인들은 소동파(蘇東坡)의 시를 보면서 공부를 한 사람들이기에 복어의 명칭, 복어에 대한 인식 등 소동파(蘇東坡)의 표현에 영향을 받았을 가능성이 크다.[41] 그러나 소동파(蘇東坡)는 당시 복어를 맛있는 생선으로 표현하고 있지만 그의 출신과 활동했던 시기를 고려해 본다면 소동

---

40 소동파(蘇東坡)의 혜숭춘강만경(惠崇春江晚景): 惠崇春江曉景, 竹外桃花三兩枝, 春江水暖鴨先知. 春江水暖鴨先知, 正是河豚欲上時. (혜숭이 그린 그림 '봄이 온 새벽 강' 그림을 보며, 대나무 울타리 밖에 복숭아꽃 두 세 가지 피었고, 봄날 강물이 따뜻해진 줄 먼저 알고 오리가 찾아왔네. 물쑥이 온 땅을 덮고 갈대 순은 이제 막 움트기 시작하니, 바야흐로 복어가 물길 따라 올라올 때로다.)

41 하돈(河豚)이 등장하는 소동파(蘇東坡)의 시에는 산란을 위하여 4, 5월 복사꽃이 필 무렵 내륙의 강으로 물길 따라 올라오는 황복이 나오는데 황복은 산란기 복어의 배가 노란 계열의 색이 띠어서 붙여진 이름이다. 이때부터 하돈(河豚)의 이름과 복어에 대한 특징, 그리고 중국에서 복어에 대한 인식 등이 각국으로 전파된 것으로 보인다.

파는 생선 맛을 제대로 알았을 리가 없다.[42] 특히 복어는 우리나라에서 1년 내내 고르게 생산되는 물고기로 봄이 제철인 복어는 드물다. 그래서 '봄철이 복어 계절'이라는 것도 소동파(蘇東坡) 시대 봄철에 복어를 잡을 수 있었기 때문에 그런 인식이 시작되었을 것이다. 게다가 우리나라에서 복어에 대한 환상 또한 소동파(蘇東坡)에서 시작되어[43] 일본의 영향까지 받은 듯하다.

42 소동파(蘇東坡)는 사천성(四川省) 출신으로 한때 해남(海南)에서 귀양살이한 적은 있지만 생애 대부분을 내륙에서 보냈기 때문에 신선한 바다 생선을 보기 힘들었다. 그리고 소동파(蘇東坡)가 활동했던 11, 12세기의 중국은 바다 어업도 발달하지 않았을 때다. 내륙 출신의 소동파(蘇東坡)가 맛본 바다 생선 종류도 그리 많지 않았을 터인데 민물인 강에서 잡은 복어가 맛있었다니 생선 맛을 제대로 알았을 리가 없다.

43 복어에 대한 이야기는 소동파(蘇東坡)가 처음은 아니다. 소동파(蘇東坡) 이전에도 복어를 이야기한 매요신(梅堯臣)이 있다. 매요신(梅堯臣)은 소동파(蘇東坡)의 앞 시대를 살았던 사람으로 '범요주좌중객어식하돈어(范饒州坐中客語食河豚魚)'의 제목으로 복어 찬사를 시구로 남겼다. 오히려 매요신(梅堯臣)의 시에서 복어는 생선이나 맛있는 새우보다 귀하다며 복어 맛을 더 강조하고 있다. 그러나 매요신(梅堯臣)은 복어가 맛있다고 이야기하면서도 식용에 대해서는 "요리 과정에 조금만 실수를 하면 목구멍에 칼을 넣는다."는 이른바 '복어는 죽음과 바꿀 맛'이라는 식의 부정적이었다. 그렇게 본다면 '복어는 죽음과 바꿀 맛'이라는 표현은 매요신(梅堯臣)의 시대에도 널리 퍼졌던 이야기로 소동파(蘇東坡)가 빌려 쓴 것으로 볼 수 있다. 즉 소동파(蘇東坡)는 최고의 시인 중 한 사람으로 유명한 시인이 이야기했으니 복어는 맛

일본에서 복어는 공식적으로 식용화된 것은 바쿠후(幕府) 말기였다. 당시 중앙 정계로 진출한 이토 히로부미(伊藤博文)가 복어 마니아로 군인들이 일본 전역으로 복어 식용을 퍼뜨렸다는 것이 다수설이다. 이토 히로부미(伊藤博文)의 고향은 복어 명산지로 알려져 있는 야마구치현(山口縣)으로, 1895년 4월 17일 청일전쟁 강화조약을 위한 협상이 시모노세키의 한 여관에서 열렸다. 이때 여관 주인은 복어 식용 금지령을 어기고 복어 요리를 내놓았는데 그 맛에 탄복한 이토 히로부미(伊藤博文)가 자신의 고향이기도 한 야마구치현(山口縣)에 대해서만 복어 식용 금지령을 풀도록 내각에 지시를 하였다. 금지령이 풀린 야마구치현(山口縣) 어부들은 일제강점기 동해에서 잡은 복어를 부산항에 풀었고 그때부터 부산의 복어국이 오늘날의 명성을 가지게 된 것이다. 그래서 복어의 신화, 복어 음식에 대한 과장된 표현 등은 일제강점기 일본 메이지유신 주역들을 통하여 우리나라에 전래되었을 가능성이 크다.

이 외에도 일본 에도(江戶) 시대 고바야시 잇사(小林一茶, 1763~1828)는 "(복어 독이 무서워)복어를 먹지 않는 바보들에게는 보이지

<hr>

있는 천하의 진미가 된 것이다.

가라토시장 앞 길거리 복어 상징물[곽현숙 소장]

않는 후지산"이라는 글을 남겼고, 만화 '맛의 달인'의 우미하라
유우잔의 모델인 기타오지 로산진(北大路魯山人)은 "복어야말로
최고의 미식 중 하나라고 나는 자신 있게 말할 수 있다."라고 했
다. 그리고 일본의 시모노세키(下關) 가라토(唐戶) 시장은 지금도
복어를 이용한 음식으로 유명한데,[44] 가라토 시장 곳곳에 복어의

---

44 가라토(唐戶) 지역은 해협에 접해 있는 곳으로 예로부터 교통의 중심
    지였고, 메이지(明治) 시대에는 해외 무역의 거점이었다. 그 시절 각
    국의 영사관과 외국 무역 기관, 은행들이 속속 들어섰다. 1909년 가
    라토(唐戶)의 길거리에서 야채와 과일 등 식료품을 판매하기 시작했
    고, 1924년 어시장이 생겨났다. 1933년 지금의 가라토 시장의 기반
    인 어류(魚類)와 야채시장이 개장했다. 1976년 식료품 유통 센터가
    문을 열었고 1979년 현지 생산자를 중심으로 하는 새벽 시장이 열렸
    다. 2009년 개장 100주년을 맞아 수족관, 해향관(海響館), 가몬와후
    (Kamonwafu)와 함께 시모노세키를 대표하는 관광지로 발돋움했다.

독과 맛에 대한 안내문과 '복어의 독에 대해 불안해하지 말고 마음껏 먹으라는 것', '시모노세키에서 복어를 먹지 않는 사람과는 통하지 않는다.'는 진지하면서도 익살스러운 협동조합의 안내문이 걸려 있다.

　이처럼 중국과 일본에서 복어에 대한 환상은 대단하다. 특히 일본의 시모노세키에서 복어는 일본의 역사와 문화를 담고 있는 상징물이라고 해도 과언이 아니다. 그러나 우리나라에서는 오래전부터 복어를 먹었다는 기록은 있지만 중국과 일본처럼 '죽음과도 맛바꿀 맛'이라고 여기지는 않았다. 그래서인지 우리나라에서 복어는 다른 물고기의 이름과 달리 복어만이 가지는 의미와 상징성, 우리나라에서만 불려지는 특별한 복어의 이름이 존재하지 않는다.

3장

가을[秋]

1. 전어(錢魚)

1) 전어의 어원 및 유래

전어(Konoshiro punctatus)는 청어목 청어과에 속하는 바닷물고기로 최대 30cm까지 자란다. 몸은 긴 방추형으로 옆으로 납작하고 등지느러미의 마지막 지느러미 줄기가 실처럼 길게 늘어져 있는 점과 아가미뚜껑 바로 뒤에 눈 지름보다 큰 흑색 반점이 있는 점이 특징이다. 우리나라 전 연안에 분포하며 주로 서해와 남해에 많다.[1]

전어

---

1 [네이버 지식백과] 전어 (한국민족문화대백과, 한국학중앙연구원)

전어는 예로부터 '전어(錢魚)', '전어(全魚)', '전어(剪魚)' 등의 한자로 기록되어 왔고 이름에 관한 유래는 여럿 존재한다. 정약전(丁若銓)의 『자산어보(玆山魚譜)』에서 전어에 대한 기록을 살펴보면 다음과 같다.

전어(箭魚) [속명을 그대로 따른다.] 큰 놈은 한 자 정도로 몸이 높고 좁으며 검푸르다. 기름이 많고 달콤하다. 흑산도에서도 간혹 나타나나 그 맛이 육지 가까운 데 것만은 못하다.(箭魚 [仍俗名] 大者一尺許, 體高而狹, 色靑黑, 多膏, 味甘厚. 黑山或有之, 不如近陸之産.)

『자산어보(玆山魚譜)』에서 말하는 전어는 '화살 전(箭)'자를 사용하여 '전어(箭魚)'라고 했다. 아마도 전어의 모양이 화살촉 모양을 닮았기 때문에 붙여진 이름인 것 같다.[2]

서유구(徐有榘)의 『난호어목지(蘭湖漁牧志)』에서는 전어를 다음

2 현대 국어대사전에 수록되어 있는 전어(箭魚)의 내용을 살펴보면 청어목에 속하는 '준치'로 풀이하고 있다. 그리고 『자산어보(玆山魚譜)』에서 살치가 '전어(箭魚)'로 표기되어 있다. 이에 본서에서 말하는 전어와 전어(箭魚)는 동일한 어류(魚類)를 가리키는 것은 아닌 듯하다.

과 같이 설명하고 있다.

> 서남해에서 난다.……해마다 입하 전후에 물가에 나와
> 진흙을 먹는데, 어부들은 그물을 쳐서 잡는다.……전어는
> 기름이 많고 맛이 좋아 상인들이 염장하여 서울에서 파는
> 데, 귀한 사람이나 천한 사람이나 모두 좋아해 사는 이가
> 돈을 생각하지 않아 '전어(錢魚)'라고 했다.(出西南海……立
> 夏前後每來, 草澨下食泥, 漁戶張網取之……脂膩肥美, 商人鮑而售
> 京, 貴賤共珍之, 以其味美, 買者不論錢, 故曰錢魚.)

『난호어목지(蘭湖漁牧志)』에서 전어는 '돈 전(錢)'자를 사용하
여 '전어(錢魚)'라고 기록되어 있는데, 이 전어(錢魚)는 『조선어명
보(朝鮮魚名譜)』에 기록된 이래로 표준국명으로 사용되고 있는
전어의 한자 이름이다. 전어는 『표준국어대사전』에서 다음과 같
이 설명하고 있다.

> 전어(錢魚) 청어과의 바닷물고기. 몸의 길이는 20~30cm
> 이고 옆으로 납작하며, 등은 검푸른 색, 배는 은백색이고
> 비늘에 짙은 갈색 무늬의 점줄이 있다. 등은 솟았고 등지

느러미 끝의 여린 줄기가 특히 길다. 한국, 일본, 중국, 인
도, 폴리네시아 등지에 분포한다.

『표준국어대사전』에서도 전어는 한자로 '돈 전(錢)'자에 '고기
어(魚)'자를 써서 '전어(錢魚)'라고 표기하고 있다. 그대로 해석하
면 '돈'이라는 이름의 물고기인 셈인데 가을이면 돈을 아끼지 않
고 먹는 맛있는 물고기라는 뜻에서 붙은 이름이다. 고문헌에 따
르면 가을 전어 한 마리가 비단 한 필 정도였음에도 맛이 좋아
돈을 생각하지 않고 사먹었다고 하니 당시 전어는 단순히 잡어
는 아닌 듯하다.[3]

중국에서 전어는 '반제(斑鰶, bānjì)'라고 한다. 전어를 지칭하는
'제(鰶)'자는 현재 『강희자전(康熙字典)』에서만 살펴볼 수 있는 한
자로 기본 의미는 '물고기'이다.[4] '제(鰶)'는 '제(鱭)'의 이체자(異體

---

3 조선 왕실의 밥상에 오르는 각종 식품 재료의 구입 장부인 조선상식품
   목비용기(朝鮮常食品目費用記)에도 8월 초하룻날 전어 30마리를 9냥에
   샀다는 기록이 있다. 옛날 물가로 9냥이 적은 돈이 아닐뿐더러 음력 8
   월 초하루면 전어가 제철로 접어드는 때이니 이 무렵이면 임금님 수라
   상에 값비싼 가을 전어가 올랐음을 짐작할 수 있다.

4 『康熙字典』:【廣韻】【集韻】子例切, 音祭.【玉篇】魚名.【類篇】或作鱭.

字)로[5] '제(鱭)'자의 구조를 살펴보면 '마를 제(制)'와 '고기 어(魚)'로 구성된 형성자(形聲字)이고,[6] '제(制)'자는 '칼 도(刀)'와 '끝 말(末)'로 구성된 회의자(會意字)이다.[7] 그런데 이와 같은 한자가 어떻게 전어를 지칭하는 한자로 사용된 것일까? 결론적으로 전어에 대한 한·중·일 삼국의 인식을 비추어 본다면 중국에서 전어를 지칭하는 이름은 한국의 전어 이름 또는 일본의 전어 이름에서 영향을 받지 않았을까 생각한다.

일본의 경우 전어를 지칭하는 한자는 중국과 동일하게 '제(鱭)'자이다. 그런데 이 '제(鱭)'자는 에도(江戶) 시대에 나타난 글자로그 이전 『일본서기(日本書紀)』에서는 '제(鯯)'자가 전어를 지칭하고 있다. 그리고 중국 송(宋)나라 때 나온 『유편(類篇)』에서 '제(鱭)'자에 대해 '或作鮆.'라고 하여 '제(鱭)'는 '제(鮆)'의 이체자(異體字)

---

5 【類篇】或作鮆.

6 물고기 이름에 사용되고 있는 '물고기 어(魚)'자는 기존에 물고기 이름에 사용되고 있는 한자에 '물고기'란 의미를 구체화시키기 위해 이후 추가되어 물고기 이름을 나타내는 경우가 대부분이다.

7 '제(制)'자의 금문(金文)을 살펴보면 칼로 나무의 끝 가지를 정리하는 모습에서 옷감이나 재목 따위를 치수에 맞도록 재거나 자르는 일을 뜻하게 되어 '제정하다, 규정하다, 제도' 등의 뜻으로 사용되었다. (하영삼, 『한자어원사전』 도서출판3, 2014.)

로 보고 있는데 한자의 구조적 특징으로 볼 때 '제(鯯)'와 '제(鰶)'는 동일한 글자이다. 이렇듯 중국과 일본에서 '제(鰶)'자가 출현한 시기와 한자의 구조적 특징을 고려해 보면 일본에서 처음 전어를 가리키는 한자는 '제(鯯)'자였고 이후 신에게 제사를 지내는 관습으로 인해 '제(制)'자 대신 '제(祭)'자를 대체하여 현재의 '제(鰶)'자로 전어를 나타내고 있다. 그러나 일본에서 왜 전어를 처음에 '제(鯯)'자로 표기하였는지는 알 수 없다.

그러나 한국의 경우 전어 표준국명은 '전어(錢魚)'이다. 이때 사용된 '전(錢)'자는 한국 사람들이 전어에 대한 인식의 바탕에서 '돈'이라는 의미에 중심을 두어 붙여진 이름이다. '전(錢)'자의 원래 의미는 쇠로 만든 흙을 파헤치거나 떠서 던지는 삽처럼 생긴 기구인 '가래'를 말하는데 옛날에는 가래 모양으로 돈을 만들었기에 '돈'이란 뜻을 갖게 되었고 이후 '동전'의 의미까지 뜻하게 되었다.[8] 그렇다면 이런 '전(錢)'자의 의미와 중국에서 전어를 지칭하는 한자 '제(鰶)'자와는 도대체 어떤 연관성이 있는 것일까? 전어는 중국 지역에 서식하지 않기 때문에 중국 사람들은 잘 몰랐던 어류(魚類)이고 그래서 식재료로서도 사용하지 않았기에 전

---

8   하영삼, 『한자어원사전』, 도서출판3, 2014.

어를 표기하는 한자가 따로 없었을 것이다. 그러다 이웃 나라들에 의해 전어를 접하게 되면서 중국 고대에 사용된 화폐와 화폐의 기능, 사회적 제도 등을 반영하여 '돈 전(錢)'자를 '제(制)'자로 대체하여 사용한 것이 아닌가 한다. 그리고 당시 '제(制)'자와 '제(祭)'자의 중국 고대음을 살펴보면 모두 동일한 음이고, 이는 동음대체 현상으로 당시 서로 바꿔가며 사용했던 한자이다. 그래서 이후 '물고기 제(鯯)'자에 '물고기 어(魚)'가 결합된 '제어(鯯魚)'가 '전어'를 지칭하게 된 것으로 보인다. 여기에 다시 전어의 특징이 몸에 검은 반점이 있어 모양이나 무늬, 반점 등을 의미하는 '아롱반(斑)'자를 더해 전어의 특징을 구체화시킨 것 같다.

일본에서 전어의 표준 일본명은 'コノシロ'이고 한자로는 '제(鰶)'이다. 'コノシロ'는 학명인 'Konosirus punctatus'에서 속명(屬名)의 'Konosirus'가 일본명인 'Konoshiro(コノシロ)'로 발음을 그대로 딴 것이다.[9] 일본에서는 전어로 사용되고 있는 한자로 '제(鰶)' 자 외에도 '동(鮗)', '제(鰤)', '용(鱅)'이 있는데, '동(鮗)'자는 일본에서 전어의 제철 시기가 11~12월이어서 '겨울의 제철 생선'

---

9   종명(種名)인 'Punctatus'는 전어 몸에 반점이 있음을 나타내는 것이다.

이라는 뜻에서 '겨울 동(冬)'자를 사용하여 전어를 지칭한다.[10] 그
리고 '제(鱭)'자는 에도(江戶)시대에 여우신인 '이나리 신(곡식의
신)'에게 제사를 지내는 관습이 있었는데, 이 여우신이 전어를 좋
아하여 제사를 지낼 때 전어를 올렸다고 한다. 이 오래된 신앙으
로부터 '어(魚)'변에 '제(祭)'자가 붙어 전어를 지칭하게 되었다.[11]
또 '어(魚)'변에 '제(制)'자가 있는 '제(鯯)'자는『일본서기(日本書
紀)』에 보일 정도로 오래된 글자로 '제(祭)'의 본자(本字)이다. '어
(魚)'변에 '용(庸)'자가 있는 '용(鱅)'자는 전어를 구우면 시체를 태
운 듯한 냄새가 난다는 것에서 유래된 것으로 'コノシロを焼く
(전어를 굽다)'와 'この城(シロ)を焼く(성을 불태우다)'와 발음이 같아
에도(江戶) 시대의 무사들 사이에서는 금기시되었다고 한다.[12]

　일본에서 전어 이름은 자식을 대신해서 태운 물고기라고 해

10　'동(鮗)'은 전어 제철 시기가 11~12월이어서 겨울 제철 생선을 뜻한
　　다. 다만 'これは'는 8~9월, 'シンコ'는 6~7월이 제철이라고 한다.

11　'제(鱭)'자는 '제사 제(祭)'자와 '물고기 어(魚)'자가 합쳐진 한자로 제사를
　　지낼 올리는 생선이라서 붙은 이름이라고 한다. 통신사로 일본에 다
　　녀온 조선 사신들이 일본에서 전어가 많이 잡힌다고 한 것으로 보면
　　일리가 있는 말 같다. 일본에서는 전어가 옛날에 제사상에 반드시 올
　　렸던 생선이라는 설도 있다.

12　https://zatsuneta.com

서 'コノシロ'라고 불렸다는 전설과[13] 일본의 어느 지역에 성주가 연회를 열었는데 그 시기가 가을이었고 가을에 맛이 가장 좋은 전어가 연회 음식으로 나왔다고 한다. 연회에 참석한 사람들은 전어를 맛있게 먹으면서 "コノシロはウマイ(전어가 맛있다)"고 감탄을 하였는데 이 말을 들은 성주는 "이 성(城)이 먹혀서는 큰일이다"라고 걱정을 하였다고 한다. 그 이유는 성(城)은 일본어로 'シロ'인데 'コノシロはウマイ'는 "이 성(城)은 맛있다."라고 들렸기 때문이다. 이 이후로 6~12cm 정도의 전어를 'コハダ'라고 달리 부르게 되었다는 전설이 있다.

---

13 옛날 일본의 한 지방(下野國)에 예쁜 외동딸을 둔 노인이 있었는데 지방 영주가 딸의 미모에 반해 첩으로 삼으려고 하자 부모가 "딸이 병이 들어 죽었다"며 영주를 속였다. 그리고는 영주가 보낸 신하 앞에서 관(棺)에다 물고기를 대신 넣고 화장(火葬)을 했는데 이때 넣은 물고기가 바로 전어였다. 물고기 타는 냄새를 맡은 신하가 정말로 딸이 죽었다고 생각해 영주에게 돌아가 보고를 했다. 이때부터 전어는 'コノシロ'라고 불렸고 일본에서는 이 말을 그대로 전어의 이름으로 사용하였다. 이 전설은 『일본어 어원사전』에서도 소개는 하고 있지만 'コノシロ'의 유래가 후세에 만들어진 이야기로 추정된다고 설명하고 있고 어떻게 유래되었는지는 알 수는 없지만 1942년에 발행된 일본의 풍속서인 『아키다풍속문상답(秋田風俗問狀答)』에서는 아이 태반을 전어와 함께 묻으면 아이가 잘 자란다는 풍습에서 비롯된 이야기라고 풀이하고 있다. 'コノシロ'는 12cm 이상의 다 큰 전어를 칭한다.

영어로 전어를 'Dotted gizzard shad'라고 부르는데 전어의 위
(胃)가 새의 모래주머니(gizzard)를 닮았다 하여 붙여진 이름이다.

2) 전어 이름의 종류와 의미

　　　　가을에 전어처럼 사람들에게 사랑받는 물고기가 또
있을까? 전어는 언제부턴가 계절 이름과 짝을 이룬 '가을 전어'
라는 별호가 생겼는데 전국 곳곳에서 열리는 전어 축제는 감히
다른 물고기는 꿈도 꾸지 못할 호사를 누린다.

　　전어는 한자로 '전어(錢魚)', '전어(剪魚)', '전어(全魚)', '전어(典
魚)'라고 쓰는데 자라면서 이름이 바뀐다는 방어, 농어 등과 같이
'출세어(出世魚)'라고도 부른다. 전어는 크기에 따라서도 작은 전
어는 '전어사리', 중간 크기는 '엿사리', 큰 것은 '대전어' 등으로
부르는데 한국의 전어 이명(異名)을 정리하면 다음과 같다.

한국의 전어 이명(異名)

분류	종류	설명	비고
차음	전어(全魚)	'전어'를 차음하여 표기한 것.	
	전어(典魚)		

분류	종류	설명	비고
차훈	전어(錢魚)	귀천(貴賤)에 관계없이 사람들이 모두 좋아해 돈(錢)을 생각하지 않고 사 먹었다 하여 붙여진 이름.	『난호어목지』
	출세어(出世魚)	커가면서 이름과 먹는 방법이 달라지는 물고기라서 붙여진 이름.	
형상	전어(箭魚)[14]	화살촉 모양으로 생겼고 빠르게 헤엄치는 데서 붙여진 이름.	『자산어보』
크기	전어사리	작은 것.	
	엿사리	중간 것.	
	대전어	큰 것.	

이 외에도 한국에서는 지역에 따라 '되미(전라도), 뒤에미(전라

---

14 『난호어목지(蘭湖漁牧志)』에서 '전어(箭魚)'는 몸이 납작하고, 등마루가
검고 배는 희며, 입은 둥글고 작다. 비늘이 희고 크며, 꼬리지느러미
는 갈라져서 제비꼬리와 같다. 큰 것은 길이가 3~4치이다. 매년 여
름에 장마로 강물이 불면 하류에서 떼를 지어 상류로 거슬러 오른다.
그 움직임이 몹시 빨라 활시위를 떠난 화살과 같다. 그래서 전어(箭
魚)라고 이름이 붙었다.(箭魚[살치]身扁, 脊黑腹白, 口圓而小, 鱗白而大, 尾歧
如燕尾. 大者長三四寸. 每夏月潦漲, 自水下作隊而上. 其行甚疾, 如離弦之矢, 故名
箭魚. 釣用蠅爲餌.) 그런데 『어명고(魚名考)』에 전어(箭魚)는 '술치'로 병기
되어 있고 현 표준명도 살치이다. 살치의 한자이름 전어(箭魚)는 바닷
물고기인 전어(錢魚)의 별명과도 같아서 혼동을 불러일으킨다.

도), 엽삭(전라도), 전이(경상도), 떡전어(경상도), 즌어(충청조), 새갈
치(강원도), 어설키(강원도), 제주도(전에)' 등의 방언으로도 사용된
다.[15]

중국에서 전어의 표준명은 '반제(斑鰶)'이다. 반제(斑鰶)의 속
명(俗名)은 지역에 따라 '자아어(刺兒魚, cìryú)', '고안어(古眼魚,
gǔyǎnyú)', '자어(磁魚, cíyú)', '유어(油魚, yóuyú)', '릉즉(棱鯽, léngjì)', '해
즉(海鯽, hǎijì)', '기포자(氣泡子, qìpàozi)', '화제자(花鰶子, huājìzi)', '춘
제(春鰶, chūnjì)', '고라(姑羅, gūluó)', '황류어(黃流魚, huángliúyú)', '편
제(扁鰶, biǎnjì)', '릉제어(鯪鰶魚, língjìyú)', '금이환(金耳環, jīn'ěrhuán)'
등으로 다양하다.[16] 중국에서 사용하고 있는 전어의 이명(異名)을
정리하면 다음과 같다.

----

15 경상도 지역에서는 전어와 함께 자주 사용하는 어휘 중 '세꼬시'란 말
이 있다. 세꼬시는 가을철에 잡힌 전어를 회칠 때 다른 큰 생선과 달
리 대가리와 지느러미만 떼고 통채로 '엇쓸기'를 하는데 이를 이른바
'세꼬시' 또는 '뼈꼬시'라고 부른다. 이 어원은 일본어에서 시작된 것
으로 일본어 중에 'せごし(背越し)'라 하여 '작은 물고기를 대가리와 내
장을 제거하고 3~5㎜ 정도의 두께로 뼈를 바르지 않고 자르는 방법'
을 뜻한다. 이 말이 경상도 지방으로 건너와 '세꼬시'란 된발음으로 변
하여 통용되고 있는 듯하다.

16 중국에서 전어는 분포하지도 않고 중국 사람들이 잘 먹지도 않는데
전어의 이름은 다양하게 존재한다.

중국의 전어 이명(異名)

분류	종류	설명	비고
형상	斑鰶[bānjì]	몸에 검은 반점이 있어서 붙여진 이름.	
	扁鰶[biǎnjì]	몸이 옆으로 납작하여서 붙여진 이름.	
	古眼魚[gǔyǎnyú]	아가미 뒤쪽에 큰 검푸른 반점이 있어서 붙여진 이름.	청도(靑島)
	鼓眼魚[gǔyǎnyú]		
	刺兒魚[cìryú]	몸에 가시가 촘촘하기 때문에 붙여진 이름.	가시고기
속성	油魚[yóuyú]	기름이 많아서 붙여진 이름.	『식물본초』

일본에서는 크기에 따라 전어의 이름을 달리 부른다. 10cm 정도의 어린 전어는 'こはだ(小鰭)'로 'シンコ' 또는 'やジャコ'라고 한다. 'こはだ(小鰭)'는 '子肌(こはだ)'와 같이 '아이의 피부와 같다'는 의미에서 유래 되었다는 설이 있다. 그리고 17cm 이상의 큰 전어는 'このしろ(鰶)'라고 한다. 'このしろ'를 직역하면 '아이를 대신하다.'는 의미인데 옛날 한 영주가 자신의 딸을 데려가려 하자 전어를 관 속에 넣어 태운 뒤 딸이 죽었다고 속인 어부의 일화에서 유래된 이름이다. 전어는 또 '복절어(腹切魚)'라고도 불린다. 이는 『진총담(塵塚談)』(1814)에 'コノシロ'는 '이 성(城) この城コノシロ'라고 하여 '이 성(城)을 먹는다.'는 말이 되므로 무사

는 결코 전어를 잡아 먹지 않는다는 것과 전어를 요리할 때 배를 가르기 때문에 무사 집안에서는 전어의 음식을 꺼려하는 것에서 붙여진 전어의 별명이다. 이 때문에 일본 에도(江戶)시대에는 막부(幕府)의 무사가 전어를 먹는 것을 금지하기도 하였다. 일본에서 사용하고 있는 전어 이름을 정리하면 다음과 같다.

일본의 전어 이명(異名)

분류	종류	설명
크기	このしろ(鰶)	17cm 이상의 큰 전어. 옛날 한 영주가 자신의 딸을 데려가려 하자 전어를 관 속에 넣어 태운 뒤 딸이 죽었다고 속인 어부의 일화에서 유래된 이름.
	こはだ(小鰭, 小肌)	8~10cm 정도의 어린 전어. 아이의 피부와 같다(こはだ, 子肌)는 의미에서 유래됨.
	シンコ	4~5cm
	ナカズミ	11~15cm
용도	はらきり(腹切魚)	전어를 요리할 때 배를 가르기 때문에 무사 집안에서 전어의 음식을 꺼려하는 것에서 붙여진 별명.

3) 전어의 문화사

　　전어는 가을철에 살이 오르고 맛이 있기 때문에 가을을 대표하는 물고기라는 뜻으로 '가을 전어'라는 말을 한다. 그렇다면 전어는 언제부터 계절 이름과 짝을 이룬 '가을 전어'라는

별호가 생겼을까? 우리나라 고문헌을 살펴보니 전어는『동국여
지지(東國輿地志)』,『여지도서(輿地圖書)』,『세종실록·지리지(世宗
實錄·地理志)』,『신증동국여지승람(新增東國輿地勝覽)』등에서 전
어의 모양과 생산지, 맛에 대한 기록이 상세히 나와 있음을 찾아
볼 수 있었다. 특히 임진왜란 때 오희문(吳希文)이 쓴 일기『쇄미
록(瑣尾錄)』에서 "시장에서 큰 전어 한 마리의 값이 쌀 석 되 값"
에 이른다고 적혀 있는 것을 볼 수 있고, 조선 선조(宣祖) 때 의병
장 겸 학자였던 조헌(趙憲)은 그의 문집인『동환봉사(東還封事)』에
서는 경주에서 가을 전어는 명주 한 필을 주고 바꾸고 평양의 동
수어(凍秀魚)는 정포(正布) 한 필로 바꾼다고 했다. 이 외에도 조선
시대 문헌 곳곳에 전어 값이 얼마나 비쌌는지에 대한 기록을 살
펴볼 수 있는데 이는 당시 전어가 얼마나 비싸고 귀한 음식이었
는지 알 수 있는 대목이다.

　그러나 김려(金鑢)의『우해이어보(牛海異魚譜)』나 허균(許筠)의
『도문대작(屠門大嚼)』에서는 전어에 대한 언급이 없었다.[17] 이는

---

17 『동국여지지(東國輿地志)』,『여지도서(輿地圖書)』,『세종실록·지리지(世宗
　　實錄·地理志)』등의 문헌에 전어에 대한 기록이 있는바, 우리나라 최초
　　의 어류학서인 김려(金鑢)의『우해이어보(牛海異魚譜)』나 조선 시대 전
　　국 팔도의 식품과 명산지에 관하여 적은 허균(許筠)의『도문대작(屠門
　　大嚼)』에서도 전어에 대한 기록이 충분히 있을 법한데 이상하게도 두

당시에 전어가 남서해안에 많이 생산되기도 하였고 보통 넙치, 고등어, 삼치 등을 팔 때 덤으로 주던 것으로 당시 사람들에겐 전어는 아주 흔한 물고기라 별다른 관심을 가지지 않았던 것 같다.

　그래도 예부터 우리나라에서 가을 전어는 회는 물론 구이 또한 일품이어서 '가을 전어 대가리엔 참깨가 서 말'이라든지 '집 나간 며느리도 전어 굽는 냄새를 맡으면 집에 돌아온다.'는 말이 있을 정도다.[18] 애석하게도 이 말을 누가, 언제, 왜, 어떠한 경로를 통해 사용되었는지 그 유래에 대해선 알려진 바가 없지만 최소 16세기부터 전어는 부르는게 값인 비싼 생선이었고, 조선 시대에서는 이미 가을 전어가 맛이 좋기로 알려져 가을에는 비싼 값을 주고서라도 사 먹는 생선으로 유명했다. 이처럼 한국에서 전어는 전어의 이름과 속담 속에서 전어가 지닌 의미와 우리나라 사람들이 전어에 대한 시각이 어떠했는지 알 수 있다.

－－－－　　저서에서는 전어에 대한 언급이 없다.

18　국립수산과학원에서 전어 성분을 분석한 결과 전어가 지닌 다른 영양분은 계절에 따라 별 차이가 없으나 가을이면 유독 지방 성분이 최고 3배 가량 높아진다고 하여 '깨가 서 말'이라는 속설은 과학적으로 뒷받침되었다. 그래서 '전어 굽는 냄새에 집 나간 며느리가 다시 돌아온다.'라는 말은 전어의 지방질 때문에 구울 때 고소한 냄새가 난다는 것을 누구나 알고 있고 그만큼 이 말은 이제 보편화되었다.

전어구이

전어회

일본에서 사용하고 있는 전어의 이름과 속담 속에서도 일본 사람들이 전어에 대한 시각이 어떠했는지 알 수 있다. 대표적인 것이 전어의 이름 'このしろ'이다. 'このしろ'는 자식을 대신해서 태운 물고기로 일본 사람들은 전어 굽는 냄새라면 질색을 할

정도다.[19] 'このしろ'는 또 다른 말로 '우리 성(この城)'이라는 의미
도 된다. 그래서 일본 사람들에게 전어를 먹는다는 말은 곧 자신
이 소속된 성(城)을 먹는다는 뜻이니 '배신하다' 또는 '성이 함락
된다.'는 의미가 된다. 이 때문에 사무라이는 전어를 절대로 먹지
않았다고 한다.[20]

　그리고 사무라이가 전어를 먹을 수 없는 또 다른 이유가 있는
데, 바로 '절복어(切腹魚)'라는 전어의 별명 때문이다. 절복어(切腹
魚)는 배를 가르는 물고기, 다시 말해 할복 물고기라는 무시무시
한 의미를 지닌 별명으로 옛날 사무라이에게 할복을 명령할 때
마지막으로 먹인 음식이 바로 전어였기 때문에 생긴 별명이라
고 한다. 그런데 할복을 명할 때 왜 하필 전어를 먹였는지에 대한
설명은 없다. 어쨌거나 사무라이들은 전어를 보면 할복이 연상
되기 때문에 전어를 먹기 꺼렸다는 것이다. 이처럼 일본 사람들
에게 전어는 '자식을 대신해서 태운 물고기(子の代)', 자신의 성을

19　전어 굽는 냄새가 얼마나 싫은지 전어 이름과 관련된 전설까지 있다.
　　그 유래의 진위 여부를 떠나서 일본 사람들이 전어 굽는 냄새에 대해
　　어떻게 받아들이는지를 확실하게 알 수 있다.

20　에도(江戶)시대에는 사무라이는 전어를 먹을 수 없다는 조례까지 있
　　었다고 전해진다.

함락시키는 '재수 없는 물고기(この城)', 사무라이에겐 '금단의 물
고기(切腹魚)' 등으로 여겨졌다.

　사실 일본에서 전어는 생선회 또는 초밥, 젓갈로는 맛있게 먹
는다. 그런데 전어 자체에 대한 이미지는 왜 그렇게 긍정적이지
못한 것일까?[21] 그 이유를 살펴보니 전어의 어획량과 관련이 있
었다. 일본에서는 중간 크기 정도의 전어를 'こはだ'라 하고, 다
자란 전어는 'このしろ'라고 한다. 'こはだ'는 초밥의 재료로 많
이 먹지만 'このしろ'는 일본 해안에서 어획량이 너무 많다 보니
저급 생선으로 취급하여 일본 사람들은 그렇게 찾지 않는다고
한다.[22] 실제 조선 시대에 일본을 다녀온 조선 통신사의 기록에
도 일본에서는 전어가 많이 잡힌다는 기록이 자주 보인다. 그리
고 그렇게 많이 잡히는 전어는 일본 어부들이 양식이 떨어지면
밥 대신에 먹었다고 한다.[23] 이는 전어를 의미하는 'このしろ'의

21　일본에서는 전어를 절임으로 스시를 만들어 먹었기 때문에 서민들은
　　'コハダ'라고 부르며 먹었고, 심지어 일본 정월에는 명절 음식 요리에
　　'コハダの粟漬け(전어 좁쌀 절임)'이 남아 있어서 기운이 좋은 물고기로
　　취급되기도 한다. (https://ja.wikipedia.org/wiki)

22　에도(江戶)시대에는 지금의 도쿄 앞바다에서 전어가 지천으로 잡혔
　　다고 한다.

23　이는 우리 어부들이 곡식이 떨어지면 밥 대신 당시에 무더기로 잡혔

어원에서 '밥 대신에 먹는 생선(飯代魚)'이란 어원에서 비롯되었
다는 말도 있다. 고대 일본어에서는 밥을 '고(こ)'라고 불렀고 '시
로(しろ)'는 '대신하다'는 뜻이니 전어가 밥 대신 먹는 생선이었기
에 생긴 이름이라는 것이다.

전어초밥

이와 같이 한국과 일본에서 같은 물고기 전어에 대한 시각이
크게 엇갈리는 것은 각국에서 사용하는 전어의 이름에서 발견할
수 있었고, 그 이름의 배경이 전어가 흔하고 귀한 것의 차이에서
비롯되었다는 사실이 참 흥미롭다.

—————   던 청어로 대신 어죽을 끓여 먹었던 것과 같다.

2. 고등어(古登魚·高登魚)

1) 고등어의 어원 및 유래

고등어(Scomber japonicus)는 고등엇과에 속하는 바닷물고기로 길이는 약 40㎝ 정도이며 방추형으로 약간 옆으로 납작하다. 횡단면은 타원형을 이루며 등쪽은 녹색이고 배쪽은 은백색이다. 몸에는 흑색의 물결무늬가 등쪽으로부터 옆줄 밑까지 분포되어 있다. 우리나라 전 연해에 분포하며, 2, 3월경에 제주도 성산포 연안에 몰려와 점차 북상하다가 한 무리는 동해로, 다른 무리는 서해로 북상하여 9, 10월경부터 남하한다. 우리나라, 일본, 중국, 유럽의 지중해, 뉴펀들랜드로부터 남으로는 호주, 뉴질랜드까지의 넓은 수역에 분포한다.[24]

고등어는 현재 새끼 고등어를 '고도리', 작은 고등어를 '소고'라고 불리는 방언을 제외하고는 대부분 '고등어(古登魚)' 또는 '고등어(高登魚)'란 표준명으로 통용되고 있다. 그렇다면 언제부터 고등어(古登魚·高登魚)로 사용되었을까? 이 고등어(古登魚·高登魚)는 일제강점기 때 본격적으로 소비되기 시작하면서 고등어의 체

형이 '등이 둥글게 부풀어 올라 높고 통통하다'는 모습에서 기인
한 이름으로 그 이전에는 순 우리말 이름인 지금의 고등어 새끼
를 지칭하는 '고도리'로 사용되었고, 한자로는 '고도어(古刀魚)',
'고도어(高刀魚)', '고도어(高道魚)' 등으로 기록되어 왔다. 정약전
(丁若銓)의 『자산어보(玆山魚譜)』에서는 고등어를 다음과 같이 설
명하고 있다.

> 벽문어(碧紋魚) [속명 고등어(皁登魚)] 길이가 두 자 가량
> 이며 몸이 둥글다. 비늘은 매우 잘고 등에는 푸른 무늬가
> 있다. 맛은 달고 시고 탁하다. 국을 끓이거나 젓을 담글 수
> 는 있어도 회나 어포는 할 수 없다. 추자도 부근에서는 5월
> 부터 잡히기 시작하여 7월에 자취를 감추며 8, 9월에 다시
> 나타난다. 흑산도 연해에서는 6월부터 잡히기 시작하여 9
> 월에 자취를 감춘다. 밝은 것을 좋아하는 성질이므로 불을
> 밝혀 밤에 잡는다. 1750년부터 성하기 시작하였다가 1806
> 년 이후 해마다 줄어들어 자취를 감추었다고 한다. 요즈음
> 영남의 바다에 새로이 나타났다고 들었는데 그 이치를 알
> 수 없다.(碧紋魚 [俗名皁登魚] 長二尺許. 體圓, 鱗極細, 背碧有紋.
> 味甘酸而濁. 可羹可醢, 而不可鱠鯆. 楸子諸島, 五月始釣, 七月絶蹤,

고등어

八九月復出. 黑山海中, 六月始釣, 九月絶蹤. 是魚, 晝則游行倏忽往
來, 人不可追. 性又喜明, 故爇燎而夜釣. 又喜游淸水, 故網不得施云.
島人之言曰 "是魚, 乾隆庚午始盛, 至嘉慶乙丑, 雖有豊歉, 無歲無之.
丙寅以後, 歲歲減損, 今幾絶蹤. 近聞嶺南海中, 新有是魚."其理不可
知.)

『자산어보(玆山魚譜)』에서는 고등어를 '벽문어(碧紋魚)'라 하고
속명은 '고등어(皐登魚)'라고 표기하고 있다.

서유구(徐有榘)의『난호어목지(蘭湖魚牧地)』에서는 다음과 같이
설명하고 있다.

고도어(古刀魚) [고등어] 호남의 먼 바다에서 난다. 모양
이 청어와 닮았지만 비늘이 없다. 등 양쪽으로 마주하여
가시처럼 단단한 지느러미가 꼬리까지 이어져 있다. 뱃속
에는 검은 피가 점점 가닥 지어져 있다. 큰 것은 1자 남짓
이고 작은 것은 3~4치이다. 성질이 여러 마리가 무리를 지
어 다니는 것을 좋아하여 수천, 수백으로 무리를 짓는다.
어가에서는 매년 가을과 겨울에 낚시로 잡는다. 소금에 절
여서 말린 고기를 만드는데, 살이 단단하고 맛이 좋다.(古
刀魚 [고등어] 出湖南海洋. 形似靑魚而無鱗. 背兩邊相對, 有硬鬣如
刺亘尾. 腹內有黑血, 縷縷成條. 大者尺餘, 小則三四寸. 性喜群遊,
千百爲隊. 漁戶每以秋冬釣取之. 鹽鮑爲鯗, 肉緊味美.)

『난호어목지(蘭湖魚牧地)』에서는 고등어를 '고도어(古刀魚)'라
고 표기하고 있는데 고등어를 가리키는 순우리말 '고도리'를 기
록할 때 빌려 적은 문자이다. 이는 이두와 달리 한자를 음독만 하
게 되면서 발음이 약간 변화하여 현재의 고등어가 된 것이다.[25]

---

25 이런 어원 및 변천 과정 때문에 '고등'이란 음절에는 별도의 한자표기
가 없다.

중국에서 고등어는 '청어(鯖魚, qīngyú)'라고 하는데 중국의 4대 물고기 중 하나인 청어(青魚)와 구별하기 위해 '청어 청(鯖)'자를 쓴다고 한다. 고등어를 지칭하는 '청(鯖)'자는 '푸를 청(青)'자와 '고기 어(魚)'자로 구성된 '푸른 물고기'란 뜻으로 고등어의 몸 빛깔에서 기인하여 명명된 이름이다.[26] 일명 '청화어(鯖花魚)'라고도 한다.

일본에서도 고등어를 '청어 청(鯖)'자를 사용하여 'サバ'라고 한다. 'サバ'의 어원을 살펴보면 『대화본초(大和本草)』에서 '此この魚牙小ナリ. 故ゆえニサハ(狹歯)ト云いう'라고 나와 있는데 '이빨이 작은 물고기로 협치(狹歯)라고 한다.'고 해석된다. 여기서 '狹歯さば'가 'サバ'로 된 것이고, 이가 작은 것에서부터 고등어를 '소치(小歯)'라고 쓴 것이다. 그리고 일본에서 고등어는 무리를 지어서 다니기 때문에 '많다'는 것을 의미하는 고어(古語)의 'サハ'가 탁음화 되어 나왔다는 설이 있다.[27] 고등어를 지칭하는 'サバ'의 원래 의미는 물고기나 조수(鳥獸)의 고기 등을 섞어서 익힌 요리의 이름으로 사용되었는데, 다른 의미로 민물고기의

---

26 '청어(鯖魚)'는 평균 몸길이 30~50㎝, 최대 11년까지 살 수 있고 플랑크톤과 철갑상어, 대구, 청어의 알을 삼켜 먹고 산다.

27 https://zatsuneta.com

한 종류를 일컫는 말이기도 했기에 푸르스름한 고등어를 표현하기에 적합하여 '청(鯖)'자가 붙여진 것이라는 말도 있다.

서양에서는 고등어를 'chub mackerel'이라고 한다. 망치고등어는 영어로 점이 있어 'spotted mackerel'이라 하여 생김새에 따라 이름을 붙이는 게 통상이다. 이런 측면에서 볼 때 'chub mackerel'과 'spotted mackerel'는 그 어원을 도저히 알 수가 없다.

2) 고등어 이름의 종류와 의미

고등엇과에는 전 세계적으로 50여 종이 서식하는 것으로 알려져 있는데 우리나라에는 다랑어류를 포함하여 17종이 기재되어 있다. 우리나라 어시장에서 '고등어'는 두 종류로 복부에 반점이 없는 종(고등어, Scomber japonicus)과 복부에 반점이 있는 종(망치고등어, S. australasicus)으로 구분되는데,[28] 정약전(丁若銓)의 『자산어보(玆山魚譜)』에서도 복부에 반점이 있으면 '배학어(拜學魚)', 복부에 반점이 없으면 '벽문어(碧紋魚)'라고 구분하고 있다.

고등어는 오래전부터 우리나라에서 어획하여 식용하고 있는 어종(魚種)으로 우리 민족 생활과 아주 밀접한 관계가 있는 어류

---

[28] 망치고등어는 고등어보다 몸이 통통한 편이며 고등어보다 더 따뜻한 바다에 많이 서식한다.

(魚類)이다.[29] 그러나 고등어의 이름을 보면 '고도어(高刀魚)', '고
도어(高道魚)', '고도어(古都魚)' 등 대부분 차음에 의한 한자 이름
으로 그 의미를 파악하기 힘들고 의미를 알 수 없는 이름들도 있
다. 그래서인지 현재 사용하고 있는 고등어(古登魚·高登魚) 이름
에 사용된 앞 이음절 한자 '고등(古登)'과 '고등(高登)'이 무엇을 의
미하는지, 고등어와 어떤 연관성이 있는지 찾기 어렵다.

어쨌든 옛 문헌에 나와 있는 고등어의 이름을 살펴보면 크기
를 기준으로 어린 고등어 새끼를 '고도리', 작은 것은 '소고', 약
간 작은 것은 '돔발이'라고 불렀고, 모습을 기준으로 등에 무늬가
있다 하여 '벽문어(碧紋魚)', 고등어의 모습이 칼을 닮았다 하여
'고도어(古刀魚)'라고도 하였다. 우리나라에서 사용하고 있는 고
등어의 이명(異名)을 정리하면 다음과 같다.

---

29 『세종실록·지리지(世宗實錄·地理志)』에는 황해도·함경도 지방의 토산
으로 기록되어 있고, 『신증동국여지승람(東國輿地勝覽)』에는 경상도·
전라도·강원도·함경도 지방의 토산으로 기록되어 있다. 영조 때 편
찬된 읍지(邑誌)에도 함경도·강원도·경상도·전라도에서 잡히는 것으
로 되어 있다.

한국의 고등어의 이명(異名)

분류	종류	설명	비고
차음	고도어(高刀魚)	'고도리'를 차음하여 표기한 것.	『경상도속한지리지』
	고도어(高道魚)		『경상도속한지리지』
	고도어(古都魚)		『경상도속한지리지』
	고도어(古道魚)		『재물보』
차훈	고등어(皐登魚)	등이 둥글게 부풀어 올라 있는 물고기.	『자산어보』
	고등어(古登魚)		『수변정담』
	고등어(高登魚)		
형상	고도어(古刀魚)	체형적인 모습이 칼을 닮았다 해서 붙여진 이름.	『동국여지승람』
색깔	벽문어(碧紋魚)	푸른빛 무늬가 있는 물고기로 복부에 반점이 없는 경우.	『자산어보』

이 외에도 한국에서는 고등어의 방언으로 고드애(강원도), 고마이(강원도), 고딩애(강원도), 고동아(경기도), 꼬둥어(경상도), 꼬드어(경상도), 고매(경상도), 꼬등에(전라도), 천빗생선(제주도), 고등에(제주도), 고동어(충청도), 고둥에(충청도), 고마이(평안도), 고마에(평안도), 고두어(함경도), 고동어(함경도) 등이 있다.

중국에서는 고등어를 '청어(鯖魚, qīngyú)', '청화어(鯖花魚, qīnghuāyú)'라고 하고, 속명(俗名)으로는 '태어(鮐魚, táiyú)', '태파어

(鮐巴魚, táibāyú)', '태발어(鮐鮁魚, táibàyú)', '마교어(馬鮫魚, mǎjiāoyú)',
'청점어(青鮎魚, qīngniányú)', '청황점(青黃占, qīnghuángzhān)', '유동어
(油胴魚, yóudòngyú)', '청어(青魚, qīngyú)', '청화어(青花魚, qīnghuāyú)',
'청조어(青條魚, qīngtiáoyú)' 등이 있다.[30] 중국에서 사용하고 있는
고등어의 이명(異名)을 정리하면 다음과 같다.

중국의 고등어의 이명(異名)

분류	종류	설명	비고
형상	鯖魚[qīngyú]	푸른빛을 가진 물고기라 하여 붙여진 이름.	青魚
	鯖花魚[qīnghuāyú]		青花魚
	鮐魚[táiyú]	등에 있는 반점이 노인의 반점을 닮았다 하여 붙여진 이름.	『시경』
	鮐巴魚[táibāyú]	'鮐魚'의 별명.	
	馬鮫魚[mǎjiāoyú]	생김새가 삼치와 비슷하여 붙여진 이름.	
생산지	青鮎魚[qīngzhānyú]	대서양 고등어를 말함.	
속성	油胴魚[yóudòngyú]	몸통 부분에 기름이 많아서 붙여진 이름.	
기타	鮐鮁魚[táibàyú]	고등어의 총칭으로 삼치(鮁魚)와 합쳐 부르는 이름.	

---

30 중국에서 고등어는 대서양과 지중해에서 잡히는 고등어를 진짜 고
등어라고 여기며 그 품종으로는 스페인 고등어인 '백수청(白首鯖)', 캘
리포니아 고등어인 '죽협어(竹莢魚)', 아메리카와 남아시아 수역의 '창
참(鯧參)' 등이 있다.

　　일본에서는 고등어를 'サバ(鯖)'라고 하는데 등 푸른 생선이라
고 해서 'マサバ(眞鯖)' 또는 'ホンサバ(本鯖)'라고 부른다. 망치고
등어는 작은 점이 참깨와 유사해서 'ゴマサバ'로 부른다. 일본에
서 사용하고 있는 고등어의 이명(異名)을 정리하면 다음과 같다.

일본의 고등어의 이명(異名)

분류	종류	설명
색상	サバ(鯖)	등이 푸른 물고기로 붙여진 이름.
	マサバ(眞鯖)	
	ホンサバ(本鯖)	ゴマサバ와 구별하기 위한 이름으로 '平サバ'라고도 함.
형상	ゴマサバ	배 쪽에 작은 검은 점이 산재. 몸의 횡단면이 원형에 가까운 것으로 구별.

3) 고등어의 문화사

　　예부터 고등어는 쉽게 구할 수 있고 값이 싸서 '바다
의 보리'로 불렸으며 그만큼 평범한 사람들에게 사랑받았던 물
고기다.[31] 이러한 고등어는 한·중·일 삼국의 언어별로 쓰이는 용

31　고등어는 과거에 값싼 하급 어종(魚種)으로 경시를 받았지만 근래에
　　는 등 푸른 생선으로 성인병 예방에 좋다는 성분이 많이 함유되어 있
　　어 우리들에게 환영받고 있는 물고기이다. 특히 초가을부터 늦가을

도가 완전히 다른데, 우리나라의 경우 고등어 이름에는 특별한
의미를 담고 있지 않아서 우리나라 사람들이 고등어를 어떻게
인식하고 있는지 살펴보는 것은 어렵다. 다만 고등어가 우리말
에 남겨 놓은 몇 가지 흔적을 살펴보면 고등어가 지닌 의미와 상
징성을 찾아볼 수 있을 것이다.

　우리말에 고등어와 관련된 '한 손'이라는 어휘가 있다. 이 어
휘는 옛날부터 고등어를 잡으면 배에서 바로 절였기 때문에 '뱃
자반'이라 하며 두 마리를 묶은 것을 '한 손'이라고 하였다. 그런
데 왜 고등어는 잡자말자 배에서 바로 절였을까? 이는 '간고등어'
어휘에서 알 수 있다. 간고등어는 염장한 고등어를 말하는데 예
로부터 국을 끓이거나 젓을 담글 수는 있어도 회나 어포는 만들
지 못한다. 왜냐하면 고등어는 '살아서 부패한다.'는 말을 들을 정
도로 낚아 올린지 얼마되지 않아서 죽는데다가 죽으면 금세 썩기
시작하기 때문에 생긴 말이다. 이러한 고등어가 지닌 습성 때문
인지 우리나라에서 고등어는 양면성을 지닌 물고기로 통한다.

　고등어가 지닌 양면성은 무엇일까? 우리의 속담에 '가을 고등
어는 며느리에게 주지 않는다.'는 말이 있다. 이 말에는 고등어가

───────

까지 그 맛이 일품이고 가격도 저렴하여 서민들에겐 이보다 더 좋은
물고기가 없다.

'너무 맛이 있어서 며느리에게는 먹이지 않는다.'는 의미와 '고등
어에 지방이 너무 많아 혹시 임신한 며느리가 탈이라도 나지 않
을까 주의하라.'는 의미가 있다. 전자는 며느리를 경시하는 의미
를 담고 있고, 후자는 자식 생각하는 자비로운 어버이 마음으로
해석할 수 있다. 이처럼 고등어는 많은 사람들의 입맛을 사로잡
았지만 낚아 올리는 즉시 죽고, 죽자마자 붉은 살의 부패가 빠르
게 일어나니 사랑할 수도 없고 사랑하지 않을 수도 없는 물고기
였을 것이다.

　일본에서는 고등어를 등푸른 물고기로 'サバ(鯖)'라고 부르는
데 일본어 'サバ'를 반복해 합쳐 놓으면 'サバサバ'가 된다. 이
'サバサバ'는 우리나라 국어사전에 '뒷거래를 통하여 떳떳하지
못하게 은밀히 일을 조작하는 짓'을 속되게 이르는 말로 설명하
고 있다.[32]

　'サバサバ'의 유래를 살펴보면[33] 조선 시대 때 고등어는 일본
에서 귀한 물고기였는데 한 일본인이 고등어 두 마리를 갖고 관

32　한국에서 'サバ'는 의미가 조금 바뀌어 사용되고 있다.

33　'사바사바'에 대한 어원설은 크게 불교 용어에서 왔다는 것과 일본어
　　에서 차용된 것이라는 두 가지가 있는데 어느 설이 정설이라고 말하
　　기는 어렵다.

청에 이를 부탁하러 갔다. 이때 어떤 사람이 그것이 무엇이냐고 물었고, 이 사람이 그냥 'サバ'를 갖고 관청에 간다고 대답했다. 그 말이 잘못 전해져 뒷구멍으로 일을 처리하는 'サバサバ'로 와전됐다고 한다.[34] 그런데 이 단어가 『표준국어대사전』에 와서야 비로소 실려 있는 것을 보면 이 단어가 널리 쓰이기 시작한 것은 그리 오래되지 않았음을 알 수 있다.

반면 중국에서 고등어 이름에 사용되는 어휘 중 '태어(鮐魚)'가 있다. 『시경(詩經)』에 '黃耉鮐背.'라고 하여 여기에 나오는 '태배(鮐背)'는 '고등어의 등'을 의미하는데, 이때 사용한 '태(鮐)'자는 나이가 많은 '노인'을 뜻한다. 즉, 70세를 '고희(古稀)'라고 부르는

---

[34] 일본에서는 '사바(고등어)를 읽다'라는 어원이 있는데 예부터 사바는 상하기 쉬운 것으로 알려져 있다. 사실 사바는 다른 물고기보다도 몸속의 소화효소를 많이 가지고 있다고 한다. 그렇기 때문에 사바가 죽어버리면 그 소화효소가 자신의 몸을 분해시키기 때문에 다른 생선보다도 상하기 쉽다고 한다. 게다가 사바는 많이 잡히기도 해서 시장에서는 대량 주문이 된다고 하는데 시장에서는 조금이라도 신선도가 떨어지지 않도록 서둘러 세지만 잘못 세는 경우가 많다고 한다. 그 때문에 '주문한 수와 다르지 않냐', '누가 사바의 수를 읽은 거야' 등의 불만이 적지 않았다고 한다. 그러다 보니 '적다의 수를 세는 것, 수를 잘못 세는 것'이라는 의미로 '사바(고등어)를 읽다'가 그것이 어느덧 '수를 속이는 것'이라는 의미로 '사바(고등어)를 읽다'가 사용되게 되었다고도 한다.

것처럼 중국에서 90세를 '태배(鮐背)'라고 불렀다.[35] 이처럼 '태어 (鮐魚)'는 고등어 등에 있는 반점이 노인의 반점을 닮았다고 하여 붙여진 이름으로 중국에서 고등어는 '장수'를 상징하는 말이다.

이처럼 한·중·일 삼국에서 고등어에 대한 인식의 차이가 고 등어 한 마리에 대한 한국어, 중국어, 일본어의 쓰이는 용도가 완 전히 다르다는 것에서 확연하게 드러난다.

---

35 『釋名』: 九十日鮐背, 背有鮐文也.

4장

겨울[冬]

1. 꽁치(魟鯌)

1) 꽁치의 어원 및 유래

꽁치(Cololabis saira(BREVOORT))는 몸의 길이가 40cm 정도로 가늘고 길며 옆으로 납작하다. 양턱이 날카롭게 돌출하여 부리 모양을 하고 있다. 입은 아주 뾰족하며 아래턱이 위턱보다 조금 긴 것이 특징이다. 등쪽은 청흑색이고 배쪽은 은백색이다. 냉수성의 근해 회유어로서 우리나라 전 연해에 분포하고, 일본과 미국 등지의 일부 연해에도 분포하고 있다.[1]

꽁치는 우리나라에서 상당히 오래전부터 어획되고 있었던 것으로 추측되는데 그 이름은 언제, 어디에서 나왔을까? 꽁치는 우리나라의 대표 어류서인 『우해이어보(牛海異魚譜)』, 『자산어보(玆山魚譜)』, 『난호어목지(蘭湖魚牧地)』등에 모두 기록되어 있는 물고기이다. 그러나 꽁치의 이름을 살펴보면 '공치(魟鯌)', '곤치(昆雉)', '공치(貢魚)', '공치어(孔峙魚)', '공적어(貢赤魚)' 등 각각 다른 한자로 표기되어 있어서 꽁치의 정확한 어원을 확인하기 쉽지 않다. 『두산백과사전』의 '꽁치' 항목에 다음과 같은 어원 정보가

<hr>

1　[네이버 지식백과] 꽁치 (한국민족문화대백과, 한국학중앙연구원)

있다.[2]

　　꽁치라는 이름의 기원은 정약용의 저서 『아언각비(雅
言覺非)』에 기록되어 있다. 꽁치는 원래 공치로 아가미 근
처에 침을 놓은 듯 구멍이 있어 한자 '구멍 공(孔)'자에 물
고기를 뜻하는 접미사 '-치'를 붙인 '공치'가 되었는데 그
것이 된소리로 변해 '꽁치'로 변했다는 것이다. 『임원경제
지(林園經濟志)』에 '공어(貢魚)'라 하였고 속칭 '공치어((貢侈
魚)', 한글로 '공치'라고 기록하고 있다. 가을철에 제 맛을
내며 그 몸이 칼 모양으로 길기 때문에 '추도어(秋刀魚)' 혹
은 '청갈치'라고 하며 밝은 불을 좇는 성질이 있어 '추광어
(秋光魚)'라고 불리기도 한다.

　　『두산백과사전』에서는 정약용(丁若鏞)의 『아언각비(雅言覺非)』
에 꽁치의 어원이 기록되어 있다는 정보와 함께 공치가 '공(孔)+
치'로 분석되며, 이는 아가미 근처에 침을 놓은 듯한 '구멍[孔]' 때

_____
2　[네이버 지식백과] 꽁치 (두산백과)를 참고할 것.

문에 명명되었다고 밝히고 있다.[3] 그러나 『아언각비(雅言覺非)』의 어류(魚類) 항목에는 '면어(鮸魚), 노어(鱸), 해즉(海鯽)' 뿐이며 '공어(貢魚)' 혹은 '공치'의 항목은 없다. 그리고 『한국민족문화대백과』에 실린 꽁치의 설명을 보면 꽁치의 '구멍'에 대한 설명이 없다.

> 『임원십육지(林園十六志)』에 공어(貢魚)는 이름을 한글로는 '공치'라고 기록하고, "동·남·서해에 모두 이것이 있다. 모양이 갈치 같으며, 길이가 1척 정도이고 넓이는 거의 그 10분의 1이다. 등은 청색이고 배는 미백색(微白色)이다. 비늘이 잘고 주둥이가 길다. 두 눈이 서로 가지런하다. 속칭 공치어(貢侈魚)라 한다. 대개 침어류(鱵魚類 : 학꽁치류)에 속하는 것이다. 또 한 종이 있는데 모양은 비슷하나 빛깔이 청색이고 주둥이가 학처럼 매우 길므로 속칭 학치어(鶴侈魚)라 한다고 설명하고 있다.

위의 꽁치의 특성에 '구멍'이 나타나지 않는 것으로 보아 '구

---

3 이 꽁치의 어원은 홍윤표, 이태영의 '재미있는 우리 말 어원'의 21번째 항목에서도 나타난다.

멍' 때문에 꽁치로 명명하였다는 어원은 문제가 있어 보인다.[4]

김려(金鑢)의 『우해이어보(牛海異魚譜)』에 기록되어 있는 꽁치
에 대한 설명을 살펴보면 다음과 같다.

> 공치(魟鱴): 공치는 상비어(象鼻魚)다. 지역민들은 곤치
> (昆雉)라 부른다. 몸이 가늘고 길며, 옥비단 색의 주둥이가
> 있다. 위쪽 주둥이는 새의 부리처럼 길고 침처럼 뾰족하
> 다. 담황색으로 끝부분이 두 개의 가시처럼 나뉘어 있고,
> 주사(朱砂)로 찍은 듯한 진홍색이다. 아래 주둥이는 제비
> 턱처럼 짧은데, 머리와 눈 주변은 짙은 녹색이고, 온몸을
> 덮은 비늘이 비단처럼 반짝거린다. 머리에서 주둥이까지
> 다섯 치이면, 꼬리까지도 다섯치고, 머리에서 꼬리까지 한
> 자면, 주둥이까지도 한 자이고, 머리는 5분의 일 정도에 위
> 치한다. 큰 놈은 한 자가 넘고, 작은놈은 3~4치이다. 이 물
> 고기는 비를 좋아해서 매번 가을비가 올 때면 무리를 지어

4　만약 어원이 확실하다면 후대의 기록에는 그 이름이 하나의 표기로 고
　　정되어 나타나는 것이 일반적인데 『임원십육지(林園十六志)』에는 '공어
　　(貢魚)', '공치어(貢侈魚)' 등과 같이 다른 한자로 표기되어 있다. 즉, 꽁치
　　가 '구멍을 가진 물고기'라는 뜻이 확실하다면 후대에 꽁치를 '공어(貢
　　魚)'나 '공치어(貢侈魚)'로 표기하지 않아야 한다.

물 위를 떠 다닌다. 위아래 몸을 둥글게 돌며 구부리면 장
어가 노는 것처럼 어지럽고 주둥이를 하늘로 들면 오리가
그런 것처럼 보인다. 회로 먹으면 정말 맛있다. 그러나 이
물고기는 물고기 중에서 가장 비리하다. 비슷한 종류로 교
화공치(蕎花魟鱂)가 있다. 몸에 살이 좀 더 많고 주둥이 끝
이 밀가루에 담근 것처럼 희다. 주둥이가 붉은 것이 더 맛
있다.(魟鱂: 魟鱂象鼻魚也. 土人曰昆稚, 體細而長, 縹色有嘴上嘴長
如鳥喙, 而勁如鍼. 淡黃色至尖爲雙刺, 殷紅如點朱砂. 下喙短如鸞
頷, 頭及眼邊, 皆深綠色(渾身鱗鬣 燦爛如錦). 自頭至嘴尖五寸, 則至
尾亦五寸, 自頭下至尾一尺, 則至嘴尖亦一尺, 頭居中五分之一. 大者
尺餘, 小者三四寸. 此魚喜雨, 每抄秋雨來, 輒成羣浮水上. 上下體蟠
屈之, 玄如鰻鱺, 嘴向空如鳧鷖鱠喫甚佳, 然此魚魚品中最腥. 有一種
名蕎花魟鱂. 體嘴尖白如蘸粉, 味勝嘴紅者.)

『우해이어보(牛海異魚譜)』에 등장하는 꽁치의 이름은 '공치(魟
鱂)', '상비어(象鼻魚)', '곤치(昆稚)' 등이고, 꽁치의 근연종 이름으
로는 '교화공치(蕎花魟鱂)'가 표기되어 있다. 『우해이어보(牛海異
魚譜)』에서 말하는 공치(魟鱂)의 설명을 보면 가늘고 길며 큰 것이
1자(약 31㎝)이고, 작은 것은 3~4치(약 10㎝)정도라고 하였으므로

작은 물고기로 가늠할 수 있다. 그리고 공치(魟鰣)는 위 부리가 길어서 새의 부리와 같고 아래 부리는 짧은데 제비의 턱과 같다는 특징을 가지고 있다.[5] 그리고 정문기의 『물고기 그림』에 따르면,[6] 『우해이어보(牛海異魚譜)』에서 말하는 공치(魟鰣)는 줄공치 아니면 학공치로 앞서 공치(魟鰣)의 크기를 고려한다면 '줄공치'에 해당하는 어종(魚種)으로 파악할 수 있다.[7] 그리고 '공(魟)'의 현재음은 '홍'이지만 『광운(廣韻)』과 『집운(集韻)』에서 각각 '고홍절(古紅切)', '고홍절(沽紅切)'로 나오는 것으로 보아 고대음은 '공'임을 알 수 있다. 이에 '공치(魟鰣)'는 '공치'를 음차한 것으로 판단할 수 있다.

---

5 그러나 우리나라 연근해 어종으로서 이러한 특징을 지니는 물고기는 확인되지 않는다. 만약 착오로 부리의 위와 아래 길이가 바뀌어 기술된 것이라 한다면 이 특징은 오늘날 꽁치류의 특징으로 생각할 수 있는 것이다.

6 정문기의『물고기 그림』에 따르면 우리나라 연근해 물고기로서 부리가 뾰족하여 위·아래의 길이가 상대적으로 비교할 수 있는 것에는 '동갈치'와 '꽁치아재비', '학공치'와 '줄공치' 등이 있는데, '동갈치'와 '꽁치아재비'는 아래쪽이 약간 길고, '학공치'와 '줄공치'는 아래쪽이 훨씬 길다.

7 『우해이어보(牛海異魚譜)』에서 학공치는 따로 마공치(馬魟鰣)에 견주되는 어종이기 때문에 공치(魟鰣)의 특징에 보다 가까운 쪽은 '줄공치'라 할 수 있다.

정약전(丁若銓)의 『자산어보(玆山魚譜)』에 기록되어 있는 꽁치에 대한 설명을 살펴보면 다음과 같다.

> 침어(鱵魚) [속명 공치어(孔峙魚)] 큰 놈은 주 자 정도다. 몸은 가늘고 길어 뱀 같다. 아랫부리가 침과 같이 가늘며 그 길이는 3~4치, 윗부리는 제비부리와 같다. 빛깔이 희며 푸른 기운이 있다. 맛은 달고 산뜻하다. 8~9월에 물가에 나타났다가 다시 물러간다.(鱵魚 [俗名孔峙魚] 大者長二丈許. 體細而長如蛇. 下觜細如醫鍼, 長三四寸, 上觜如燕. 色白帶靑氣. 味甘而清. 八九月入浦旋退.)

『자산어보(玆山魚譜)』에서 표기한 침어(鱵魚)는 위의 서술 내용 중 '아랫부리가 침과 같이 가늘다.'의 '침(鍼)'에서 유래한 것이다. 이에 침어(鱵魚)는 지금의 '학공치'에 해당하는 것으로 볼 수 있다.

서유구(徐有榘)의 『난호어목지(蘭湖魚牧地)』에서는 꽁치에 대해 다음과 같이 설명하고 있다.

> 공어(貢魚) [공치] 동해와 남해, 서해에 모두 난다. 갈치와 비슷한 모양으로 길이가 한 자 가량 되며, 넓이는 길이

의 10분의 1 가량 된다. 등은 푸르며 배는 옅은 흰색이다. 잔 비늘이 있으며 주둥이는 길다. 두 눈은 서로 나란히 있으며 속칭으로 공적어(貢赤魚)로 부른다.(貢魚: 東南西海皆有 之. 形如葛魚, 長尺許, 廣居十之一. 背青腹微白. 細鱗長喙. 兩目相 比, 俗呼貢赤魚.)

『난호어목지(蘭湖魚牧地)』에서는 꽁치가 '공어(貢魚)', '공치', '공적어(貢赤魚)' 등의 이름으로 나타난다. 또『광재물보(廣才物 譜)』에는 꽁치를 '침어(鱵魚)'라는 이름으로 다음과 같이 설명하 고 있다.

　침어(鱵魚): 강과 호수에 살며 모양은 회잔어(鱠殘魚)와 거의 같다. 단지 부리 끝에 가는 검은 뼈가 침처럼 있다. 잠 어(箴魚), 강공어(姜公魚), 동설어(銅㖞魚)도 침어와 같은 것 이다.[8]

---

[8]　이두순 평역(2017:278)에서는 침어(鱵魚)가 공치의 종류임을 밝히고 있 다. 여기서는 주둥이가 침처럼 뾰족해서 '침어(鱵魚)'라고도 불리며, 강 태공(姜太公)이 쓰던 곧은 바늘과 비슷하다고 해서 강공어(姜公魚)라는 이름이 있다고 해설하고 있다.

『광재물보(廣才物譜)』에서는 '침어(鱵魚)'의 '침'을 '바늘'로 인식하여 '잠어(箴魚)'로 표기하고 있으며, 꽁치를 '강공어(姜公魚)', '동설어(銅哾魚)' 등의 이름으로 나타난다.

이처럼 여러 어보(魚譜)에 나타난 꽁치의 이름은 '공치(虹鱒)', '곤치(昆雉)', '공어(貢魚)', '공적어(貢赤魚)', '공치어(貢侈魚)', '공치어(孔峙魚)', '상비어(象鼻魚)', '침어(鱵魚)', '잠어(箴魚)' 등 다양하게 나타난다.

중국에서는 꽁치를 '추도어(秋刀魚 qiūdāoyú)'라고 부르는데, 꽁치는 비교적 길게 자라 그 모양이 마치 칼 모양과 같으며 꽁치를 먹기 가장 좋은 계절이 가을이라 '칼 도(刀)'자와 '가을 추(秋)'자가 합쳐져 '추도어(秋刀魚)'라 한다. 그리고 꽁치는 '죽도어(竹刀魚, zhúdāoyú)'로도 부르는데 이는 대나무 잎과 같이 가늘고 긴 고기라는 뜻에서 기인한 이름이다.

일본에서 꽁치의 발음은 'サンマ'이고 한자로는 '추도어(秋刀魚)'라고 표기한다. 이 이름에 대한 어원은 두 가지가 있다. 첫째, '협진어(狹眞魚)'를 뜻하는 말에서 비롯된 것이다. '협진어(狹眞魚)'는 '가늘고 긴 고기(細長い魚)'를 의미하는데 고어(古語)인 'サマナ'가 'サマ'로 줄어들고 이것이 다시 'サンマ'로 변화한 것으로 보는 설이다. 둘째는 큰 무리를 짓는 습성 때문에 '큰무리(大きな群れ)'

를 의미하는 'サワ(沢)'와 물고기를 의미하는 'マ(魚)'로 이루어진 'サワンマ'에서 줄어든 말로 보기도 한다. 일본에서는 예전에 꽁치를 'サイラ(佐伊羅魚)', 'サマナ(狹眞魚)', 'サンマ(青串魚)'로 표기하기도 하고 'サンマ(三馬)'로도 표기하기도 했다. 일본에서 사용하고 있는 꽁치의 한자 '추도어(秋刀魚)' 역시 꽁치의 몸이 칼날 모양으로 가을의 대표적인 생선이라는 데서 비롯된 말이다.[9]

서양에서는 꽁치를 'Saury', 'Mackerel pike'로 부른다. Saury는 종명(일본어 방언인 'サイラ(佐伊羅魚)'를 옮긴 것)에서 따온 말이고, Mackerel pike는 'pike(가시, 창)가 달린 고등어'라는 뜻으로 주둥이가 창처럼 뾰족한 학꽁치를 이름하는 것이다. 즉 꽁치의 형상에 의해 'Half beak', 'Needle fish', 'Mackerel pike'등으로 불리고 음역에 의해 'Saury'라 부른다.

다른 나라의 꽁치 어원을 살펴보면 '짧은 입술, 가늘고 긴 고기, 무리짓는 고기, 가을에 잡히는 칼 모양의 고기, 대나무 잎처럼 가늘고 긴 고기' 등과 같이 '가늘고 길다, 짧다, 칼모양, 무리' 등의 속성으로 명명되어 있고 '구멍'과 관련된 부분은 없다. 그렇다면 구멍으로 알려진 '공(孔)'은 차훈 표기가 아니라 원래 우리

---

9 https://hachimenroppi.com/wiki/details/sanma/

말을 한자로 옮긴 차음 표기로 추정할 수 있다.

학공치: 동갈치목〉학공치과에 속하는 어류(魚類). 학공치의 외형적인 특징은 머리에서
　　　길게 나와 있는 턱이다. 다 성장한 성어의 길이는 40cm로 길고 몸은 옆으로 납
　　　작한 모양이다.

줄공치: 학공치과에 속하고 학공치와 아주 유사한 종. 줄공치는 학공치와 거의 같은데
　　　아래턱의 끝에 붉은색이 없고 성체의 길이가 20cm 이하로 학공치에 비해 작
　　　은 편이다.

꽁치: 동갈치목〉꽁치과에 속하는 어류(魚類). 성체의 길이는 25~40cm 정도 되고 등 쪽
　　은 푸른색, 배 쪽은 은백색이다. 포장마차에서 술안주로 자주 만나는 꽁치이다.

2) 꽁치의 이름과 종류

꽁치는 그물에서 건져 올리면 고등어나 밴댕이 같은 물고기들처럼 금방 죽어버려서 산 채로 잡는 건 거의 불가능하다고 한다. 그래서 어부들이 항상 '성질 급한 물고기'라고 부른다. 고등어는 낚시로 잡아 바로 수조에 넣으면 잠시나마 살아 있지만 꽁치는 물에서 나오면 그대로 죽기 때문이다.

꽁치는 19세기 전반에 쓰여진 문헌에 '공치(虹鰽)', '곤치(昆雉)', '공어(貢魚)' 등 다양한 이름으로 등장하고 있는데 한국의 꽁치 이명(異名)을 정리하면 다음과 같다.

한국의 꽁치 이명(異名)

분류	종류	설명	비고
차음	공치(虹鰽)	'공치'를 차음하여 표기한 것.	『우해이어보』
	공시(虹鰽)		『우해이어보』
	곤치(昆雉)	'공치'를 차음하여 표기한 것 무리를 이루어 다니는 습성 때문에 많다는 것을 의미하는 '곤(昆)'자를 쓴 것으로 보임.	『우해이어보』
	공어(貢魚)	고유어명인 '공치'를 그대로 차음한 후 '어(魚)'를 보태어 표기한 것.	『난호어명고』
	공치어(貢侈魚)		『임원십육지』
	공침어(貢侵魚)		
	공치어(孔峙魚)		『자산어보』

분류	종류	설명	비고
차훈	상비어(象鼻魚)	꽁치의 부리가 길어서 코끼리의 코에 비유되어 붙여진 이름.	『우해이어보』
	침어(鱵魚)	주둥이가 뾰족한 침처럼 생긴 것을 특징하여 붙여진 이름.	『광재물보』
	교화공치 (蕎花魟鱴)	교화(蕎花)는 '메밀꽃'[10]을 뜻하는 한자어로 부리가 쌀가루 물에 담긴 듯 희다고 하는 특징으로 '흰 메밀꽃'으로 연상되어 붙여진 이름.	『우해이어보』
색상	공적어(貢赤魚)	'공치' 중에서 주둥이가 붉은 것을 나타내기 위해 붉을 '적(赤)'자를 표기한 것.	『난호어명고』

이 중 '공치(魟鱴)', '곤치(昆雉)', '공어(貢魚)', '공적어(貢赤魚)', '공치어(貢侈魚)', '공치어(孔峙魚)' 등은 고유어 '고치'를 차음하여 표기한 것이고, '상비어(象鼻魚)', '침어(鱵魚)', '잠어(箴魚)' 등은 꽁치의 긴 주둥이를 특징적으로 파악하여 이를 차훈하여 표기한 것으로 해석된다.

그리고 『우해이어보(牛海異魚譜)』에는 꽁치를 두고 '곤치(昆雉)'라고도 썼다. '곤(昆)'자는 '많다'는 의미로 꽁치류가 무리를 이루어 다니는 습성 때문에 사용된 것으로 보인다. 그러나 '많다'는 의미를 가지는 한자는 '곤(昆)'자 외에도 '다(多)', '중(衆)', '광(廣)',

10 『우리말 큰사전』: 교화(蕎花): 메밀꽃

'풍(豊)', '부(富)' 등이 있는데 왜 하필 '곤(昆)'자를 사용하여 꽁치
로 표기하였을까? 이것은 꽁치의 발음과 연관성이 있어 보인다.
공치(虹鱴)의 진해현 방언으로 '곤치(昆鯑)'를 제시하였는데 이들
물고기 이름의 조어 구조를 보면 '공(虹)=곤(昆)'과 '치(鱴)=치(鯑)'
로 분석할 수 있다. '치(鱴)=치(鯑)'는 음독하면 바로 '치'로 파악
할 수 있는데 '공(虹)=곤(昆)'은 원래의 어형이 '공'인지 '곤'인지
확인할 필요가 있다.

   이 외에도 한국에서는 꽁치의 방언으로 '사이루(강원도), 사여
리(강원도), 사요리(강원도), 수요리(강원도), 공미리(함경도), 꽁티(평안
도)' 등이 있다.

   중국에서는 꽁치를 '추도어(秋刀魚 qiūdāoyú)', '죽도어(竹刀魚,
zhúdāoyú)'라 부르는데, 문헌에 나타난 중국 꽁치의 이명(異名)을
정리하면 다음과 같다.

중국의 꽁치 이명(異名)

분류	종류	설명	비고
형상	鱵魚[zhēnyú]	바늘처럼 날카로운 부리를 특징하여 붙여진 이름.	『정자통』
	針觜魚[zhēnzuǐyú]		『정자통』

분류	종류	설명	비고
	姜太公釣針魚 [jiānggōngyúdiàozhēnyú]	중국 주(周)나라 강태공(姜太公)이 학꽁치 아래턱에 있는 곧은 뼈를 낚싯바늘 삼아 낚시를 즐긴데서 유래하여 '강태공이 낚싯바늘로 삼은 물고기'라는 뜻.[11]	『본초강목』
	姜公魚[jiānggōngyú]		『본초강목』
	竹刀魚[zhúdāoyú]	대나무 잎과 같이 가늘고 긴 고기라는 뜻에서 붙여진 이름.	
	靑刀魚[qīngdāoyú]	등 푸른 생선으로 그 몸이 칼 모양으로 길기 때문에 붙여진 이름.	
	秋刀魚[qiūdāoyú]	가을철에 제 맛을 내며 그 몸이 칼 모양으로 길기 때문에 붙여진 이름.	
	箴魚[zhēnyú]	'침어(鱵魚)'의 '침(鱵)'을 '바늘'로 인식하여 '잠어(箴魚)'로 표기한 이름.	『산해경』
	針魚[zhēnyú]		『동물학 대사전』
	針工魚[zhēngōngyú]	주둥이가 뾰족한 침처럼 생긴 것을 특징하여 붙여진 이름.	『의림찬요』
	單針魚[dānzhēnyú]		黃渤海伍類 調查報告
	針扎魚[zhēnzhāyu]		黃渤海伍類 調查報告
성질	秋光魚[qiūguāngyú]	밝은 불을 쫓는 성질이 있어서 붙여진 이름.	
	夜光魚[yèguāngyú]		

_____

11 강태공(姜太公)이 물고기의 부리를 낚시 바늘로 쓴데서 유래한 것으로 침 모양의 부리에 근거한 이름.

일본에서는 꽁치를 'サマナ(秋刀魚)' 外에 예전에 'サイラ(佐伊羅魚)', 'サマナ(狹眞魚)', 'サンマ(靑串魚)'로 표기하기도 하고 'サンマ(三馬)'로도 표기하기도 했다. 꽁치의 학명은 'Cololabis saira'로 속명인 'Cololabis'는 그리스말 '짧다'는 뜻의 'kolos'와 라틴어 '입술'을 뜻하는 'abia'가 합성된 말이고, 종명인 'saira'는 일본어 방언인 'サイラ(佐伊羅魚)'를 옮긴 것이다. 일본 동경(東京)에서는 꽁치를 'サヨリ(針魚·細魚·鱵)'로 불리기도 했는데[12] 일본의 꽁치 이명(異名)을 정리하면 다음과 같다.

일본의 꽁치 이명(異名)

분류	종류	설명
형상	サンマ(靑串魚)	'협진어(狹眞魚)'를 뜻하는 말에서 비롯. '협진어(狹眞魚)'는 '가늘고 긴 고기(細長い魚)'를 의미하는 고어인 'サマナ'가 'サマ'로 줄어들고 이것이 다시 'サンマ'로 변화한 것.
	さんま(秋刀魚)	가을철에 잡히는 그 몸이 칼 모양으로 길기 때문에 붙여진 이름.
	サヨリ(針魚)	주둥이가 뾰족한 침처럼 생긴 것을 특징하여 붙여진 이름.
습성	サンマ(靑串魚)	큰 무리를 짓는 습성 때문에 '큰무리(大きな群れ)'를 의미하는 'サワ(沢)'와 물고기를 의미하는 'マ(魚)'로 이루어진 'サワンマ'에서 줄어든 말.

일본에서도 지역에 따라 꽁치를 'カド, サイラ, サイリ, サダ, サヨリ, サイロ, サザイオ, ザザアジ, サーベラ, スズ, スス, ダンジョウ, バンジョウ, マルカド' 등으로 부른다.[13]

3) 꽁치의 문화사

꽁치는 예나 지금이나 서민 음식으로 우리에게 아주 익숙한 물고기이다. 익숙하고 자주 접하는 만큼 꽁치는 우리들에게 '공치', '공미리', '학공치' 등 현재에도 다양한 이름으로 불려진다. 울릉도 연해에서는 '손꽁치'라고도 불리는데 해조류를 바다에 띄워놓고 여기에 산란하기 위하여 모여드는 꽁치를 맨손으로 잡아 올린 꽁치를 말한다.[14] 이러한 꽁치는 경상북도 포항시 구룡포의 명물인 과메기의 재료이기도 하다.[15] 그래서인지 과거에도 현재에도 '꽁치'라고 명명하는 이 물고기가 도대체 어떤 물고기를 가리키는지 명확하지 않다.

---

13 https://hachimenroppi.com/wiki/details/sanma/

14 [네이버 지식백과] 꽁치 (한국민족문화대백과, 한국학중앙연구원)

15 과거에는 과메기를 꽁치와 청어로 만들었는데 청어 어획량이 줄어들면서 꽁치 과메기만 남게 되었다. 최근엔 꽁치의 어획량이 줄어들고 오히려 청어의 어획량이 크게 늘어나면서 다시 청어 과메기가 늘어나고 있다.

우리나라 고문헌에 기록되어 있는 꽁치의 이름을 분석해보니 꽁치의 이름은 크게 차음 표기와 차훈 표기, 두 부류로 나눠진다. 기존에 알려진 어보(魚譜)에는 '공치(虹鯔)', '곤치(昆雉)', '공어(貢魚)', '공치', '공적어(貢赤魚)', '공치어(孔峙魚)', '상비어(象鼻魚)', '침어(鱵魚)' 등으로 표기되어 있는데, '공치(虹鯔)', '곤치(昆雉)', '공어(貢魚)', '공치', '공적어(貢赤魚)', '공치어(孔峙魚)' 등은 고유어 '공치'의 차음 표기이며, '상비어(象鼻魚)', '침어(鱵魚)' 등은 꽁치의 모양에서 연유한 차훈 표기로 해석할 수 있다. 그리고 꽁치가 외형적으로 '구멍'이 없다는 점에서는 '구멍'과 관련한 기존의 어원이 고유어 '공'을 차음한 표기 '공(孔)'을 잘못 해석한 것으로 본다면 공(孔)은 차훈으로 해석하여 '구멍'을 만들어 낸 것이며 이 구멍은 꽁치의 긴 부리를 의미하는 '침어(鱵魚)'의 '침(針)'과 연결하여 '침구멍'으로 새롭게 해석한 것으로 볼 수 있다.

일본에서도 꽁치는 한동안 명칭이 통일되지 않았다. 일본에서 꽁치가 'サンマ'의 이름으로 사용된 이후에도 '청관어(青串魚)', '청광어(青光魚)', '삼마(三馬)' 등 표기된 한자가 제각각이었다. 현재 사용되고 있는 한자 '추도어(秋刀魚)'의 한자 유래는 아주 간단한데, 꽁치가 가을에 잡히는 칼 같은 물고기라는 의미에서 붙여진 이름이다. 이렇게 물고기 이름에 관련하여 일본에서는 주로 단음절 한자를 활용하여 물고기를 표현하는 경우가 많다. 예를 들어 'アジ = 鰺', 'サバ = 鯖', 'タイ = 鯛'등과 같다. 그러나 'サンマ'의 경우는 '추도어(秋刀魚)', '청관어(靑串魚)', '청광어(靑光魚)'등과 같이 다음절 한자로 표기하고 있는데 왜 그럴까? 이는 아마도 다음절 한자로 표기된 꽁치는 중국에서 먹는 습성이 없었기 때문에 꽁치를 표기하는 한자를 따로 만들지 않았을 것으로 볼 수 있다. 반면 일본에서는 꽁치를 이용한 다양한 음식문화가 있고[16] 가을을 대표하는 생선으로 꼽히며[17] 그것에 부합하는 이름이 필요했을 것이고, 그때 만들어진 꽁치의 이름이 한자의 종주국인 중국으로 건너가 일본의 꽁치 이름인 '산마어(山瑪魚 shānmǎyú)'를 그대로 인용하여 '추도어(秋刀魚)'란 이름으로 사용된 것으로 볼 수 있다.[18]

---

16 꽁치와 관련한 만담인 '메구로의 꽁치'라는게 유명한데, 메구로에서는 실제로 꽁치 축제를 연다. 명탐정 코난에서는 이를 소재로 한 메구로의 꽁치 사건이라는 에피소드도 나왔다.

17 꽁치는 가을 시기 일본 근해를 지나가는데 이때 살이 매우 통통하게 차오른다. 특히 치바현(千葉県)의 쵸시(銚子)지역의 꽁치가 매우 유명하며 옛날에는 풍로로 구울 때 이 지방의 그을음으로 생긴 검은 연기가 곳곳에 넘쳐났다고 한다.

18 꽁치가 현재의 '추도어(秋刀魚)'로 통일된 것은 다이쇼 10년에 발행된 사토하루오(佐藤春夫)의 '秋刀魚の歌'에서 부터로 알려져 있다.

그리고 일본에서는 꽁치를 '청관어(靑串魚)'로 표기하기도 하였
는데 일본의 꽁치 옛 이름에 한자 '곶(串)'이 포함되어 있는 것으
로 볼 때, 우리나라의 꽁치 이름도 어쩌면 '곶'+'-치'의 구조로 만
들어진 것일 수도 있다. 왜냐하면 꽁치의 외형적 특성이 가늘고
긴 모양의 꼬챙이와 유사하다는 점에서 '곶(串)'에 물고기를 뜻하
는 '-치'를 붙여 만들어진 이름으로 해석할 수 있기 때문이다.[19] 이
는 일본과 중국뿐 아니라 서양권에서도 꽁치의 어원이 대부분 꽁
치의 형태적 특징으로 명명되어 있는 것으로 보아 우리나라의 꽁
치 이름도 다시 한 번 살펴봐야 할 부분이다.

2. 명태(明太)[20]

1) 명태의 어원 및 유래

명태(Theragra chalcogramma)는 대구과에 속하는 바다물

---

19 예부터 '치'자 돌림이 들어간 물고기는 '성질이 급해 금방 죽어버리는
   생선'과 '제사상에 올리지 않는 생선'이란 인식으로 천대를 받았다.

20 중국학 제77집(2021.12)에 발표된 '명태의 이명(異名) 고찰'내용을 재
   구성하였음.

고기이다. 몸빛은 등쪽이 갈색이고 배쪽은 백색이다. 옆구리에
두 줄의 점선과 같은 흑갈색 가로띠가 있고, 몸은 작은 둥근 비
늘로 덮여 있으며 아래턱에는 아주 짧은 수염이 있다. 일견 대구
와 유사하나 대구에 비하여 세장(細長)한 점, 아래턱이 위턱보다
약간 긴 점, 꼬리지느러미가 두 갈래로 째진 점 등이 대구와 다
르다. 수명은 8년 이상인데 8년생의 전장(全長)이 60㎝ 가량이다.
한류성 물고기로서 경상북도 이북의 동해안에 널리 분포하나,
함경남도 연안에서 가장 많이 잡힌다.[21]

명태

명태는 언제부터 '명태(明太)'란 이름으로 불렀을까? 현재까지 확인된 최초의 기록은 박계숙(朴繼叔)·박취문(朴就文) 부자가 함경도 회령에서 초급 문관으로 근무할 당시의 일을 기록한『부북일기(赴北日記)』에서 인조 23년(1645년) 4월 20일 일자에 '생명태(生明太)'가 나온다. 그리고 1652년 음력 9월 10일에 사옹원(司饔院)에서 승정원(承政院)에 올린 장계에 '명태알'이 등장한다.『승정원일기(承政院日記)』의 내용은 다음과 같다.

> "강원도에서 궁궐에 올릴 진상품 가운데 연어알젓을 대구알젓으로 대납하라고 선장(선장)에 써놓았는데 명태알(명태알)을 보내어 일이 혼란스럽습니다."(......江原道各殿進上中, 鰱魚卵醢, 代以大口卵醢, 膳狀中書塡, 而以明太卵來納, 事極可駭......)

『승정원일기(承政院日記)』에 의하면 강원도에서 진상하는 대구 알젓에 명태 알젓이 첨입(添入)되어 있어 문제로 삼았는데 이때 명태라는 이름이 사용되고 있다. 이후『비변사등록(備邊司謄錄)』,『일성록(日省錄)』등 각종 국가기록문서에서도 '명태(明太)'란 한자표기를 정식 명칭으로 사용하고 있으며 북쪽 바다에서 잡았다고 하여 '북어(北魚)', 봄에 잡았다고 하여 '춘태(春太)', 겨울에 잡았다고 하여 '동태(凍太)' 동짓달을 넘어 시장에 나오는 '동명태(凍明太)' 등과 같은 다양한 이름도 얻었다.

그러나 명태(明太) 또는 북어(北魚)라는 이름은 조선 초기까지만 하더라도 문헌에 전혀 보이지 않는다. 다만『신증동국여지승람(新增東國輿地勝覽)』의 함경도 경성(鏡城)과 명천(明川)의 토산조 신증부(新增部)에 비로소 명태로 추정되는 '무태어(無泰魚)'라는 어명(魚名)이 보이고 있다. 그러나『신증동국여지승람(新增東國輿地勝覽)』에서 말하는 무태어(無泰魚)가 명태(明太)라고 단정하기엔 논리적 전거가 불충분하다.[22]

이러한 명태(明太)에 대한 연구는 조선 후기 실학자들에게 지속적으로 이루어졌는데, 그 대표적인 학자가 안정복(安鼎福,

---

22 『신증동국여지승람(新增東國輿地勝覽)』(1530)이나『여지도서(輿地圖書)』(1757~1765)에서 무태어(無泰魚)와 명태어(明太魚)에 관한 부가설명이 없기 때문에 현재로서는 그 진위에 대해 명확히 하기 어렵다. 비록 『신증동국여지승람(新增東國輿地勝覽)』에 함경도에서 무태어(無泰魚)가 산출되었다는 기사가 나오지만 무태어(無泰魚)가 명태라는 것을 증명하는 사료는『방약합편(方藥合編)』(1884) 뿐이다. (黃泌秀,『方藥合編』藥性歌: 魚, 北魚.) 하지만 이 또한 명태에 대해 이외의 다른 기록이 없고 이는 명태(明太)가 무태어(無泰魚)라는 것을 증빙할만한 다른 내용이 전혀 없는 것이다.

1712~1791)[23], 이덕무(李德懋, 1741~1793)[24], 성해응(成海應, 1760~
1839)[25] 등이다. 그러나 명태(明太)에 대한 그들의 연구는 성과보
다 실수가 많았다.

그런 와중에 서유구(徐有榘)는 초기 학자들이 미처 관심을 갖
지 못한 바닷물고기의 생태적 특징, 유통과정 등을 면밀히 살피
면서 일본인이 쓴 『화한삼재도회(和漢三才圖會)』의 내용을 인용
하여 명태의 생태적 특징, 상품화 과정, 유통 경로 등을 다음과
같이 살폈다.

> 명태어(明鮐魚) [생것은 명태라고 하고 말린 것은 북어라
> 고 부른다] 관북 바다에서 나며, 비늘이 없고, 등마루는 담
> 흑색이고, 배는 엷은 흰색이며 머리는 크고 길어 몸의 3분
> 의 1을 차지한다. 몸체는 둥글고 배는 부르며 끝은 잘록하
> 고 꼬리는 작으면서 두 갈래로 갈라졌다. 등 위에는 머리

---

23 조선 후기 명태에 대한 연구는 문헌학적 연구가 중심이었다. 특히 조
선 후기 실학자들은 일본과 중국 문헌에서 그 표기를 찾고자 노력하
였는데 이런 연구의 단초를 연 사람이 안정복(安鼎福)이다.

24 이덕무(李德懋)는 우리나라 바닷물고기 이름을 한글로 표기하고 일본
문헌에서 그 표기를 찾아내어 비슷한 어종끼리 비교 연구를 하였다.

25 성해응(成海應)은 명태의 옛 표기를 찾고자 노력한 인물이다.

와 꼬리 가까운 곳에 작은 등지느러미가 있다. 알은 두 개의 알집에 있는데 나란한 꼭지가 작두콩 꼬투리 모양과 같다. 사계절 모두 잡을 수 있으나, 매년 섣달부터 그물을 치기 시작하여 잡는다. 배를 갈라 알을 취하면 그 빛이 맑은 누런빛이지만 소금에 절이면 붉은색을 띤다. 그 살은 머리와 꼬리가 붙은 채로 햇볕에 말려 담백한 어포를 만드는데, 정월에 나는 것이 살이 잘 부풀어서 상품이고, 2~3월에 나는 것은 다음 등급이고, 4월 이후에 나는 것은 빳빳해서 하품이다. 모두 남쪽 원산(元山)으로 실어 보내는데, 원산은 사방에서 장사꾼이 모이는 도회이다. 배에 실으며 동해를 돌고, 말에 실으며 이령(鯉嶺, 철령)을 넘어 밤낮으로 이어져 팔도에서 유통된다. 무릇 우리나라 여러 해산물 가운데에서 많이 유통되는 것은 오직 명태어와 청어가 최고라 하겠다. 명태어는 달고 따뜻하고 독이 없어서 속을 따뜻하게 만들고 원기를 돋아주므로 사람들이 더욱 중히 여긴다. 세간에서는 그 알을 '명란'이라 하고, 그 말린 것을 '북고어(北薧魚)'라 하는데 『본초강목』등에는 기록된 바 없다.(明鮐魚 [俗呼生者爲명틱, 乾者爲북어] 明鮐魚出關北海, 無鱗, 脊淡黑, 腹微白. 頭大而長, 幾占身三之一. 身圓而肚飽末殺. 尾小而

微歧. 背上近頭近尾處, 皆有小鬐. 其穌兩胞並蒂如刀豆莢形. 四時皆

可取. 每自臘月爲始, 設網捕之. 剖腹取, 其色正黃, 鹽醃則紅赤. 其肉

並頭尾, 曝乾作淡鯗 正月者肉鬆爲上, 二三月者次之, 四月以後者肉

硬爲下, 皆南輸于元山, 元山, 四方商旅之都會也. 船輸循東海, 馬載

踰鐵嶺, 晝夜絡繹, 流溢八域. 蓋我國海錯之繁, 惟此魚與靑魚爲最,

而此魚甘溫無毒, 有和中益氣之功, 人尤重之. 俗呼其子爲明卵, 其鯗

爲北薨魚, 本草諸家之所未載也.)"

　그러나 서유구(徐有榘)는 명태(明太)의 설화에 대해서는 전혀
언급하지 않았다. 명태(明太)의 설화는 1855년에 저술된 조재삼
(趙在三)의 『송남잡지(松南雜誌)』와 1872년에 완성된 이유원(李裕
元)의 『임하필기(林下筆記)』에서 볼 수 있는데 그 내용은 다음과
같다.

　　　"[북어명태] 우리나라 덕원부 원산도(元山島)에서 난다.
　　　명천(明川)에서는 옛날에 잡히지 않았는데 명천에 성이 태
　　　(太)인 사람이 낚시로 처음 잡았다."[26]

26　이규경, 「북어변증설」, 오주연문장전산고11, 384쪽.

"[명태] 명천(明川)에 어부 가운데 성이 태(太)인 사람이 물고기 한 마리를 낚아 관청의 주방 관리에게 도백(道伯)께 드리도록 했는데 도백이 '너무 맛있다'고 하여 그 이름을 물었더니 모두 몰라 함께 '태 어부가 잡은 것입니다.'라고 대답하였다. 도백이 '이름을 명태로 함이 좋겠다.'고 하였다. 이후 이 물고기는 해마다 수천 석씩 잡혀 팔도에 두루 퍼지게 되어 '북어(北魚)'라고도 불렀다. 노봉(老峯) 민정중 (閔鼎重, 1628~1692)이 '300년 뒤에 이 고기가 지금보다 귀하게 될 것이다.'라고 말하였다."[27]

위 두 편의 명태(明太) 설화는 16년이란 시간적 편차가 있지만 그 내용은 대부분 일치한다. 이 외에도 명태(明太)의 이름을 소재로 한 설화는 함경도 농민들 중에 영양부족으로 멀쩡한 눈이 보이지 않게 된 사람들이 명태(明太)의 간을 먹고 눈이 밝아졌다고 하여 '밝을 명(明)' 자가 붙었다는 이야기도 전한다. 또 함경도 지방에서 명태(明太)의 간에서 기름을 짜 등기름으로 삼았기에 '밤을 밝게 해주는 고기'라 해서 명태가 되었다는 설도 있다. 이와

27 이유원(李裕元), 임하필기(林下筆記)27(성균관대 대동문화연구원, 1961), 춘명일사(春明逸史)3, 「명태(明太)」, 669쪽.

유사한 전설은 다른 문헌들에도 많이 보인다.

이렇게 본다면 명태(明太)의 기원은 크게 두 가지 설로 나뉜다. 첫째, 명천(明太)에 사는 어부의 태씨(太氏) 성에서 얻어진 이름으로 산지인 명천(明川)의 '명(明)'자와 어획한 어주의 성인 '태(太)'자를 따서 명태(明太)라고 명명한 것이다. 둘째, 당시 명태(明太)의 간은 등기름으로 사용하여 밤을 밝게 해주었기에 '밝음이 큰 물고기'라는 뜻에서 '밝을 명(明)', '클 태(太)', '물고기 어(魚)'자를 붙여서 그 이름을 명명한 것이다. 즉, 명태(明太)는 간에서 얻는 기름으로 어둠을 밝혔기 때문에 그리 불렀을 가능성이 높다. 이러한 유래는 구전으로 내려와 민간에서 생긴 어원이라 그 신빙성은 떨어지지만 현재까지 명태(明太)의 유래 및 어원에 대해 일반적으로 받아들여지는 통설로 어느 정도 그 설이 진짜일 가능성도 있다.

명태(明太)는 동아시아 국가에서 중국어로는 'míngtàiyú', 일본어로는 'スケトウダラ', 러시아어로는 'минтай(mintai)'로 각 언어의 '명태(明太)'라는 이름의 발음을 살펴보면 우리나라 '명태'에서 그 이름이 시작되었음을 짐작할 수 있다. 우리나라에서 처음 붙인 '명태'라는 명칭이 그대로 일본, 중국, 러시아 각지로 퍼져 'minta-i' 혹은 이와 유사한 발음으로 전해져 세계인들이 명태를 발음하고 있는 것이다.

일본에서는 명태(明太)를 'スケトウダラ'라고 하는데 사전적 의미에서는 'めんたい의 다른 표현으로 明太라 표기하고 すけとうだら라고 읽는다.'고 정의하고 있다. 이는 아마도 개항기 일본인들이 조선의 항구마다 가득 쌓여 있는 명태(明太)를 보고 명태(明太)에 대한 관심을 갖기 시작하였는데, 당시 일부 일본 사람들에게는 명태(明太)의 일본식 명칭보다 한국식 명칭이 더 익숙하였을 것이다. 왜냐하면 일본의 경우 일본 근해의 수산 자원이 매우 풍부하고 다양하다 보니 개항기 이전에 명태(明太)를 몰랐던 것은 아니지만 다른 어류(魚類)에 비해 그렇게 중요하게 여기지 않았던 것 같다. 특히 명태(明太)는 일본에서 관서와 북해도 주변에서 주로 생산이 되고 명태(明太)의 맛이 밋밋하고 특별한 맛을 가지고 있지 않아서 당시 일본 사람들에게는 명태(明太)가 주목받지 못하는 어류(魚類) 중의 하나였다. 그러다 개항기 이후에야 비로소 명태(明太)를 중요하게 인식하기 시작하였고, 그때부터 일본 사람들은 한국식 명칭인 명태(明太)를 더 많이 사용했던 것으로 볼 수 있다.

중국에서는 명태를 '명태(明太, míngtàiyú)'라고도 하지만 '협설(狹鱈, xiá xuě)'라고 부르는 경우가 더 많다. 狹鱈(xiá xuě)은 '몸집이

작은 대구'라는 뜻인데, 대구(大口魚)와 구분하기 위하여 붙인 명
칭으로 볼 수 있다. 명태(明太)는 중국에서 본래 생산되지 않는
어류(魚類)로 옛날 중국 사람들은 명태(明太)를 알지도 못했다. 때
문에 중국 사람들은 명태(明太)를 음식의 재료로도 사용하지 못
했고 심지어 지금까지도 명태(明太)는 중국 사람들이 즐겨 먹지
않는 음식 중의 하나이다. 이러한 명태(明太)는 중국에서 조선족
자치주를 중심으로 발달하고 있는데, 그 목적은 한국 수출을 위
한 것이다. 그러다보니 명태(明太)를 한국식 명칭과 유사한 발음
으로 부르게 된 것이다.

　러시아의 경우도 중국과 매우 유사하다. 러시아어로 명태(明
太)는 'минтай(mintai)'라고 하는데 발음의 유사성으로 보아 한
국에서 중국을 거쳐 러시아어로 전해진 것으로 보인다. 그리고
그들의 명태(明太) 어업 역시 중국과 마찬가지로 한국 수출을 위
한 목적이지 음식의 주재료로 사용되는 경우는 드물다.

　서양에서는 명태를 '(Alaskan) pollock'라고 한다. 'pollack'는 식
용 가능한 바닷물고기로 라틴어명은 'pollachius'이다. 'pollack'는
북아메리카와 영국에서 주로 불려지고, 그 어원은 알려진 바가
없지만 15세기 중세 영어에서 'poullok'로 처음 사용되었다. 그러
나 켈트어족에 속하는 게일어에는 'pollag', 아일랜드어 'pollog'

가 있어서 켈트어에서 왔다는 설도 있다. 'pollack'는 달리 'coley', 'saithe', 'coalfish'로 불리기도 한다.

이렇듯 '명태(明太)'라는 명칭은 동아시아 각국의 발음에 근거하여 일본과 중국의 경우에는 개항기 전후에 전파된 것으로 볼 수 있고, 러시아의 경우에는 개항기 시기보다 조금 더 늦은 시기에 전해진 것으로 볼 수 있다.

2) 명태의 이름과 종류

명태(明太)는 우리의 일상생활에서 어느 정도 친밀한 관계일까? 우리나라 문헌상으로는 명태(明太)를 즐겨 먹게 된 시기에 관한 정확한 기록은 없다. 다만 『승정원일기(承政院日記)』의 기사에 처음으로 명태(明太)라는 명칭이 등장하는 것을 통해서 조선 중기 무렵부터라고 추측할 수 있다.[28] 이후 이만영(李晚榮)의 『재물보(才物譜)』에는 "북해에서 나므로 '북어'라 한다."[29]는 기록

28　『승정원일기(承政院日記)』보다 앞서 『신증동국여지승람(新增東國輿地勝覽)』에 명태로 추정되는 '무태어(無泰魚)'라는 명칭이 보이지만 실제 '무태어(無泰魚)'가 당시 명태(明太)를 지칭한 것인지 아니면 다른 어류(魚類)를 지칭하는 것인지는 아직 정확히 알 수 없다.

29　『재물보(才物譜)』: 【北魚】出北海名북어.

이 있고, 『난호어목지(蘭湖漁牧志)』에서는 "생것을 '명태', 건조한
것을 '북어'라 한다."[30]고 되어 있다. 이러한 기록에 따르면 명태
(明太)는 조선 중기 이후 서민들의 일상생활에서 널리 보급되었
고 쉽게 접할 수 있었던 어류(魚類)였으며 조선 후기에 들어 명태
(明太)는 국내에서 엄청난 어획과 교역이 이루어졌으며 머리부터
꼬리까지 하나도 버릴 것 없이 이용했던 서민의 음식이었다.

이러한 명태(明太)는 우리에게 먹을거리로 아주 친숙한 물고
기인데 그 크기와 내유(來游) 시기, 말리는 방법, 보관 방법, 어획
방법, 지역이나 조리 방식 등에 따라 여러 가지 이름을 가지고 있
다. 명태(明太)는 우리나라 물고기 가운데 가장 이름이 많은 것으
로 한국의 명태 이명(異名)을 정리하면 다음과 같다.

한국의 명태 이명(異名)

분류	명칭	내용	비고
크기	대태(大太)	크기가 큰 명태.	
	중태(中太)	크기가 중간인 명태.	
	소태(小太)	크기가 작은 명태.	

---

30 『난호어목지(蘭湖漁牧志)』: "【明鮐魚】俗出呼關生者爲北 명퇴乾者
     爲 북어"

분류	명칭	내용	비고
상태	홀태	뱃속에 알이나 이리가 없어 홀쭉한 명태.	
	알배기	알이나 이리로 배가 부른 암컷 명태.	
	이리박	이리로 배가 부른 수컷 명태.	
건조 방식	황태(黃太)	잡아서 얼리고 말리는 것을 반복해서 3개월 이상 눈과 바람을 맞으면서 자연스럽게 건조한 것.	
	코다리	명태를 잡아 턱 밑에서 코로 구멍을 내어 줄을 엮은 다음 반만 건조한 것. 코로 꿰어 말린다고 해서 코다리리라고 함.	
	노가리	어린놈을 말린 것.	애태, 애기태, 앵치
	북어(北魚)	명태를 완전하게 말린 것. 북쪽에서 잡히는 물고기라서 붙은 이름.	건태(乾太)
	흑태(黑太)	황태를 만들다가 아예 색이 검게 변해버린 것.	먹태
	백태(白太)	덕장이 지나치게 추워 허옇게 말라버린 황태.	
	낙태(落太)	덕장에서 건조할 때 땅에 떨어져 상품의 가치가 낮은 황태.	
	찐태	날씨가 따뜻하여 물러진 황태.	
	깡태	얼지 않고 말라버리는 바람에 딱딱해진 황태.	
	짝태	한 달 동안만 천막을 치고 건조시킨 것. 북한 지역과 연변에서 먹는 방식이며, 황태와는 맛과 식감이 다름.	
	파태	황태를 만들다가 조직 질감이 잘못된 것.	
	골태	속살이 부드럽지 않고 딱딱한 황태.	

분류	명칭	내용	비고
	봉태	내장을 빼지 않고 통마리로 만든 황태.	
	무두태(無頭太)	건조 도중 머리가 떨어져나간 것.	
잡는 시기	춘태(春太)	봄에 잡은 명태.	
	추태(秋太)	가을에 잡은 명태.	
	동태(冬太)	원래는 겨울에 잡은 명태를 말함. 그러나 얼려진 명태를 통칭하는 말로 바뀜.	동태(凍太)
	막물태	늦봄 마지막에 잡은 명태.	
	일태(一太)	정월에 잡히는 명태.	
	이태(二太)	2월에 잡히는 명태.	
	삼태(三太)	3월에 잡히는 명태.	
	사태(四太)	4월에 잡히는 명태.	
	오태(五太)	5월에 잡히는 명태.	
	육태(六太)	6월에 잡히는 명태.	
	칠태(七太)	7월에 잡히는 명태.	
	팔태(八太)	8월에 잡히는 명태.	
	구태(九太)	9월에 잡히는 명태.	
	십태(十太)	10월에 잡히는 명태.	
	십일태(十一太)	11월에 잡히는 명태.	
	십이태(十二太)	12월에 잡히는 명태.	
	꺽태	산란하고 나서 잡힌 명태.	
	난태(卵太)	산란 전에 알을 밴 상태에서 잡힌 명태.	

분류	명칭	내용	비고
잡는 장소	지방태	우리나라 인근에서 잡아 온 것.	
	원양태	원양 어선에서 잡아 온 것.	
잡는 방법	조태(釣太)	낚시로 잡은 명태. 망태보다 비쌈.	낚시태
	망태(網太)	그물로 잡은 명태.	그물태
요리 방법	생태(生太)	말리지도 않고 얼리지도 않은 것.	선태(鮮太)
	동태(凍太)	얼려진 명태를 통칭하는 것. 원래는 겨울에 잡은 명태를 말함.	동태(冬太)
기타	금태(金太)	잘 잡히지 않아서 값이 금값이 되었다고 해서 붙은 이름.	

　　위의 표와 같이 명태(明太)는 크기에 따라, 건조 방식에 따라, 잡는 방법과 잡힌 장소 및 시기에 따라, 요리 방법 등에 따라 그 명칭이 다양하다. 먼저 명태(明太)는 크기에 따라 '대태(大太), 중태(中太), 소태(小太)'로 나뉘고, 건조 방식에 따라서 명태(明太)는 '생태(生太), 동태(凍太), 북어(乾太), 황태(黃太), 백태(白太), 흑태(黑太), 코다리, 깡태' 등으로 불린다. 그 중 '생태(生太)'는 싱싱한 생물 상태를 이르며, '동태(凍太)'는 얼린 것, '북어(乾太)'는 말린 것이다. 그리고 '황태(黃太)'는 한 겨울철에 명태(明太)를 일교차가 큰 덕장에 걸어 차가운 바람을 맞으며 얼고 녹기를 스무 번 이상 반복해 노랗게 변한 '북어'를 말한다. 얼어붙어서 더덕처럼 마른

북어라 하여 '더덕북어'라고 불리기도 한다. 또 '코다리'는 내장
과 아가미를 빼고 4~5마리를 한 코에 꿰어 꾸덕꾸덕 말린 것이
다. 그밖에 하얗게 말린 것을 이르는 '백태(白太)', 검게 말린 것을
이르는 '흑태(黑太)', 딱딱하게 마른 것을 이르는 '깡태' 등이 있
다. 성장 상태에 따라 어린 명태를 '애기태', '애태', '노가리' 등이
라고도 한다.

황태 덕장

그리고 잡는 방법에 따라 그물로 잡은 것은 '망태(網太)', 낚시
로 잡은 것은 '조태(釣太)'라 이르며, 잡힌 지방에 따라 북방 바다
에서 잡힌 것을 '북어(北魚)', 강원도 연안에서 잡힌 것을 '강태(江
太)', 함경도 연안에서 잡힌 작은 것을 '왜태(倭太)'라고 한다. 함경

남도에서 섣달에 잡힌 것은 '섣달받이', 동지 전후에 잡힌 것은 '동지받이'라고도 한다.

또 요리 방법에 따라 명태(明太)는 '생태(生太), 동태(凍太)' 등이 있고, 지역에 따라 '멩태(강원도·경상도), 노가리(부산), 밍태(전라도), 멘태(제주도), 멩태(제주도), 동태(凍太:동해안), 선태(鮮太:동해안), 간태(杆太:동해안), 북어(강원도), 더덕북어(서울), 명태어(서울), 무태어(함경도), 며태(함경도), 은어바지(함경도), 섣달바지(함경도), 석달바지(함경도), 망태(網太:함경도), 조태(釣太:함경도), 왜태(함경도), 애기태(함경도), 막물태(함경도)' 등으로 불린다. 방언에 따른 명태(明太)의 이명(異名)을 정리하면 다음과 같다.

한국 방언에 따른 명태의 이명(異名)

분류	명칭	내용	비고
함경도	망태(網太)	자망(刺網), 거망(擧網), 수저망(水底網) 등 그물로 잡은 생명태.	
	조태(釣太)	주낙(延繩釣)과 같은 낚시로 잡은 명태.	
	왜태(倭太)	크기가 큰 명태.	
	애기태	크기가 작은 명태.	
	막물태	최종 어기(魚期)에 어획된 작은 명태.	

분류	명칭	내용	비고
	은어받이	은어라고 부르는 도루묵 떼가 회유할 때 잡아 먹으려고 뒤따라오다가 잡힌 명태(명태가 내유하는 제1기, 음력 10월 보름부터 내유하기 시작함).	
	동지받이	명태가 내유하는 제2기, 음력 11월 보름부터 내유하기 시작함.	
	섣달바지	명태가 내유하는 제3기, 음력 12월 초열흘부터 내유하기 시작함.	석달바지
동해안	선태(鮮太)	동해안 지역의 명태 상인들이 신선한 상태의 명태를 지칭하는 것.	
	동태(凍太)	겨울에 추운 공기에 얼어 빳빳해진 생명태.	
	강태(江太)	강원도 연안에서 잡히는 것. 강원도의 강(江)과 명태의 태(太)가 합쳐진 것.	
	간태(杆太)	11월 경 강원도 고성군 간성(杆城) 연안에서 어획되어 동건(凍乾)된 마른 명태.	
서울	동태(凍太)	겨울에 추운 공기에 얼어 빳빳해진 생명태.	
	강태(江太)	빛이 검고 단단하고 좋지 못한 마른 명태.	
	더덕북어	빛은 누렇고 살찌고 가장 좋은 북어(↔강태(江太)) 또 말린 더덕 같다 하여 붙여진 이름.	노랑태
부산	노가리	어린 명태.	
기타	북어	강원도와 경기 이남에서 동건태(凍乾太)를 이르는 말.	
	북고어	동건태(凍乾太).	
	북태	북해도에서 들어오는 건망태.	북해도 명태
	춘태	봄에 잡힌 명태.	

　위의 표와 같이 명태(明太)의 명칭은 주산지인 동해안 지역에서 매우 발달하였다. 특히 함경도에서는 어획 방법과 어획 시기에 따라 더욱 세분화되어 있다. 그리고 함경도와 강원도 동해안 지역을 제외한 지역에서는 주로 마른 명태를 이르는 명칭이 발달하였음을 알 수 있다. 또 강태(江太)의 경우에는 강원도와 서울에서 각기 다른 의미로 사용되고 있는데 이는 원래 명태(明太)의 명칭뿐만 아니라 명태(明太)의 방언들도 다른 지역으로 전파되면서 새로운 의미를 얻어 사용되고 있음을 알 수 있다.

　여기서 중요한 부분은 '북어(北魚)'와 '북어(乾太)'이다. 김기수의 『일동기유(日東記遊)』제3권에서 "북해(北海)에 있는 고기는 명태(明太)라하고, 또한 북어(北魚)라고도 하니, 북쪽의 고기이다." 라고 하였고, 서유구(徐有榘)의 『임원십육지·전어지(林園十六志·佃漁志)』에서는 "일반적으로 산 것은 명태, 마른 것은 북어라 한다."라고 하였다. 앞의 북어(北魚)는 현재까지 널리 사용되는 명칭으로 '북쪽에서 온 물고기'라는 뜻으로 사용하고 있다. 명태가 잘 잡히는 곳이 함경북도 부근의 북쪽 바다이므로 '북어(北魚)'라는 이름이 붙은 것으로 볼 수 있다. 그런데 후자의 북어(乾太)는 '명태를 말린 것'을 뜻하는데 그 어원에 대해서는 좀 더 생각할 필요가 있다.

그리고 명태(明太)의 다양한 이명(異名)과 방언을 살펴보면 북방에서 잡힌다는 뜻의 '북어(北魚)'와 명태 새끼를 뜻하는 '노가리, 코다리'를 제외하면 전부 말꼬리에 '-태'를 붙이는 변형에 불과하다. 사실 이런 식의 이름이라면 아무리 명태(明太)의 이름이 다양하다고 해도 그 역사성이 대단하다고 말하기는 어렵다.

하지만 명태(明太)는 한국어 이름이 있는 어류(魚類) 중 유일하게 별명이 수십 가지나 되고 각각의 조리법에 이름이 전부 다 따로 있는 물고기이다. 그리고 한·중·일 삼국의 명태(明太) 명칭의 유래가 우리나라에 있다는 것과 같은 대상임에도 불구하고 한·중·일 각국에 처해져 있는 역사적, 문화적, 지역적 상황에 따라 명태(明太)를 전혀 다르게 인식하였다는 것은 매우 흥미로운 점이라 할 수 있다.

3) 명태의 문화사

명태(明太)는 우리나라에 '서해에서는 조기, 남해에서는 멸치, 동해에서는 명태'라는 말이 있듯 예부터 우리 민족이 가장 즐겨 먹고 많이 잡은 물고기 중의 하나이다. 서유구(徐有榘)의 『난호어목지(蘭湖漁牧志)』에서 "명태는 청어와 함께 우리나라 해산물 가운데 가장 많이 유통되었는데, 그 이유는 명태가 달고 독

이 없어서 속을 따뜻하게 만들고 원기를 북돋아준다."라고 하였
다. 또한 그는 「북쪽 바다 어종에 대한 기록」이란 글에서는 명태
(明太)의 쓰임을 "깊은 산속 험한 골짜기나, 궁벽하고 후미진 시
골이라도 손님을 대접하거나 조상에게 제사 지낼 때 꼭 명태를
쓴다. 시원하게 뚫린 큰 도로나, 울타리가 빽빽한 골목일지라도
술안주나 반찬으로 꼭 명태를 마련해 둔다. 서울과 시골, 빈부와
귀천 등에 관계없이 명태를 쓰지 않음이 없다."라고 밝혔다. 이
런 이유에서 '맛이 있기로는 청어가 으뜸이고, 많이 먹기로는 명
태가 으뜸이다.'라는 옛말이 생겨날 정도였다. 명태(明太)의 다양
한 이름에서도 알 수 있듯이 우리 사회에서 차지하는 비중이 얼
마나 큰지 알 수 있다.

그러나 일본에서는 의외로 명태(明太)가 비주류 물고기 취급
을 받는다. 그 이유는 명태(明太)가 말리지 않은 상태에선 금방
신선도가 떨어지고 부패하여 기생충이 나타나 회로 먹기가 힘들
기 때문이라고 한다. 그리고 일본에서 명태는 북해도 지역을 제
외하면 많이 잡히지도 않았고 명태(明太)의 맛도 일본 사람들의
기호에 맞지 않아서 별로 즐기지 않았던 물고기였다. 그래서 과
거에는 명태(明太)의 이름이 제대로 없었거나 지역마다 서로 다
른 이름으로 불렀던 것 같다. 그러다 개항 이후 명태(明太)에 대

한 인식이 바뀐 후 한국 음식임에도 불구하고 명란으로 만든 명란젓은 일본 내에서 국민 식품으로 취급할 정도로 일본에서 최고의 밥반찬의 위치를 고수하고 있다.[31] 반면 중국에서는 명태(明太)가 서식할 수 있는 환경이 아니었고, 명태(明太)를 잡을 수도 없었으며, 당연히 식재료로도 사용되지 못했던 물고기였다. 이러한 중국의 생태적 환경은 중국에서 사용하는 명태(明太)의 이름에서도 알 수 있듯이 우리나라에서 쓰던 '명태'의 명칭을 그대로 받아서 '명태어(明太魚)'로 쓰고 있다. 이는 한자 종주국인 중국이 자국만의 문자로 명태(明太)의 이름을 짓지 않았다는 것은 중국에서 명태(明太)는 알지도 못하고, 특별하지도, 별다른 관심도 없었던 물고기였음을 알 수 있다.

명태(明太)는 조선 시대부터 일제 강점기를 대표하는 물고기로, 명태(明太)를 부르는 이름만 50여 가지가 넘는다. 그만큼 명태(明太)는 우리의 일상생활과 아주 밀접하였는데, 19세기 말경 한국 제1의 생산량과 어획량을 차지할만큼 명태(明太)는 누구나 손쉽게 먹을 수 있는 대중 물고기가 되었다. 그러다 보니 식생활과 더

---

31 일본 사람들은 조선에서 만든 명란젓을 맛 본 후 '명태알'이라는 뜻으로 'スケトウダラ'라는 말을 쓰게 되었고 지역에 따라서는 'めんたい'라고 부르는 경우도 생긴 것 같다.

불어 점차 고사, 제사, 굿, 혼례, 장례 등 다양한 의례 필수 품목으로도 이용되었다. 즉, 일상의 물고기가 관혼상제 의식에도 사용될 만큼 우리의 일상생활에 영향력이 있는 물고기가 된 것이다. 이처럼 명태(明太)가 일반 물고기에서 제례(祭禮)에 사용하는 신성한 재물로 승화될 수 있었던 이유는 당시 명태(明太)가 가난한 집에서도 제수용으로 사용할 수 있을 만큼 어획량이 풍부했고, 그만큼 명태(明太)가 전국으로 대중화가 될 수 있었기 때문이다.

제3부

만나서 반가워

1장

나의 이름이 갖는 의미

　　예로부터 우리가 살고 있는 한반도는 삼면이 바다로 싸여 있어 해안을 끼고 수산업이 번창했던 곳이다. 특히 그 연근해가 한류와 난류의 상극상이 현저하여 겨울철과 여름철의 수온차가 20도 이상이며 동해는 해저수가 솟아오르는 환류 현상이 심해 각종 플랑크톤이 번식하고 물고기가 서식하기에는 최적의 장소라 한다. 그리고 서해는 수심이 평균 40m 내외인 천해(淺海)지역으로 한류성 어족(魚族)의 유일한 월하(越夏) 수역이며 남해는 한류와 난류의 교차지점으로 한류성과 난류성 어류(魚類)가 함께 하는 지역이라고 한다. 이렇듯 그 연안의 수심이 얕고 대륙붕이 발달해 각종 어류(魚類)와 조개류 등이 서식하기에는 좋은 환경을 보유한 수산물의 보물창고임은 널리 알려진 사실이다. 따라서 수산물에 대한 명명이 자연적으로 발달했던 것은 당연한 결과다.

1. 물고기 이름의 표기법

　　우리나라의 물고기의 이름은 크게 '한자어 표기'와 '우리말 표기' 두 가지로 나눌 수 있다. 한자어 표기는 다시 '차음(借

音)'과 '차훈(借訓)'으로 나눌 수 있는데 앞의 물고기 이름을 각국의 표기 방식과 명명의 특징으로 나누어 정리하면 다음과 같다.

한국 물고기 이름의 표기 방식과 명명 특징

항목	표제 어명	한자 어명	차음 (借音)	차훈 (借訓)	형상 (형태, 색상 등)	서식지/ 생산지	습성/ 성질	기타 (용도, 크기 등)
봄	조기	宗魚	○					
		鯼魚	○					
		曹基	○					
		曹機	○					
		助氣	○					
		天知魚		○				
		石首魚			○			
		石頭魚			○			
		石魚			○			
		大鮸						○
		鮸魚						○
		蝤水魚						○
	멸치	末子魚	○					
		行魚		○				
		鱴兒		○				
		蔑魚		○				
		滅魚		○				
		幾魚		○				

항목	표제어명	한자어명	차음(借音)	차훈(借訓)	형상(형태, 색상 등)	서식지/생산지	습성/성질	기타(용도, 크기 등)
		鰊魚			○			
		鮟鱇						○
		孱魚			○			
여름	우럭	鬱抑	○					
		鬱抑魚	○					
		黔魚			○			
		黔處歸			○			
		登德魚						○
		應者魚						○
	복어	魺鈍				○		
		鈍魚				○		
		黔鈍			○			
		鵲鈍			○			
		滑鈍			○			
		澁鈍			○			
		小鈍			○			
		蝟鈍			○			
		白鈍			○			
가을	전어	全魚	○					
		典魚	○					
		錢魚		○				
		出世魚						○
		箭魚			○			

항목	표제어명	한자어명	차음 (借音)	차훈 (借訓)	형상 (형태, 색상 등)	서식지/ 생산지	습성/ 성질	기타 (용도, 크기 등)
겨울	고등어	高刀魚	○					
		高道魚	○					
		古都魚	○					
		古道魚	○					
		皐登魚		○				
		古登魚		○				
		高登魚		○				
		古刀魚			○			
		碧紋魚			○			
	꽁치	虹鱒	○					
		昆雉	○					
		貢魚	○					
		貢侈魚	○					
		貢侵魚	○					
		孔峙魚	○					
		象鼻魚		○				
		鱵魚		○				
		蕎花虹鱒		○				
		貢赤魚			○			
	명태	大太						○
		中太						○
		小太						○
		黃太			○			

항목	표제어명	한자어명	차음 (借音)	차훈 (借訓)	형상 (형태, 색상 등)	서식지/ 생산지	습성/ 성질	기타 (용도, 크기 등)
		北魚				○		
		黑太			○			
		白太			○			
		落太						○
		無頭太			○			
		春太						○
		秋太						○
		冬太						○
		釣太						○
		網太						○
		生太						○
		凍太						○
		金太						○

중국의 경우 물고기 이름의 표기 방식과 명명의 특징을 정리
하면 다음과 같다.

중국 물고기 이름의 표기 방식과 명명 특징

항목	표제 어명	한자 어명	형상(형태, 색 상, 무늬 등)	서식지/ 생산지	습성/성질	기타 (용도, 크기 등)
봄	조기	石首魚	○			
		石頭魚	○			
		黃魚	○			
		黃花魚	○			
		黃瓜魚			○	
		黃靈				○
		大黃魚				○
		小黃魚				○
		梅子魚				○
	멸치	黑背鯷	○			
		離水爛			○	
		晴天爛			○	
		海蜒				○
		鯷抽條				○
		鮫魚食				○
		老眼屎				○
여름	우럭	石斑魚	○			
		海紅斑	○			
		東星斑	○			
		老鼠斑	○			
		老虎斑	○			
		麻斑	○			

항목	표제 어명	한자 어명	형상(형태, 색상, 무늬 등)	서식지/생산지	습성/성질	기타 (용도, 크기 등)
		金錢斑	○			
		西星斑		○		
		泰星斑		○		
		杉斑		○		
		青斑	○			
		紅瓜子斑	○			
	복어	河豚		○		
		河魨		○		
		氣泡魚	○			
		吹肚魚	○			
		鯸鮧	○			
		鰗鮧	○			
		嗔魚	○			
		鯸鮐	○			
		䲅魚	○			
		鮭魚	○			
		毬魚	○			
가을	전어	斑鰶	○			
		扁鰶	○			
		古眼魚	○			
		鼓眼魚	○			
		刺兒魚	○			
		油魚			○	

항목	표제 어명	한자 어명	형상(형태, 색 상, 무늬 등)	서식지/ 생산지	습성/성질	기타 (용도, 크기 등)
겨울	고등어	鯖魚	○			
		鯖花魚	○			
		鮐魚	○			
		鮐巴魚	○			
		鮐鮍魚	○			
		青占魚		○		
		油胴魚			○	
		馬交魚	○			
	꽁치	鱵魚	○			
		針觜魚	○			
		姜太公釣針魚	○			
		姜公魚	○			
		竹刀魚	○			
		靑刀魚	○			
		秋刀魚	○			
		葴魚	○			
		針魚	○			
		針工魚	○			
		單針魚	○			
		針扎魚	○			
		秋光魚	○		○	
		夜光魚			○	
	명태	明太魚				○

항목	표제 어명	한자 어명	형상(형태, 색 상, 무늬 등)	서식지/ 생산지	습성/성질	기타 (용도, 크기 등)
		狹鱈				○

일본의 경우 물고기 이름의 표기 방식과 명명 특징을 정리하면 다음과 같다.

일본 물고기 이름의 표기 방식과 명명 특징

항목	표제 어명	일본어명	형상(형태, 색상, 무늬 등)	서식지/ 생산지	습성/성질	기타 (용도, 크기 등)
봄	조기	イシモチ	○			
		シログチ	○			
		グチ				○
		ハダカイシモチ				○
	멸치	カタクチイワシ	○			
		チリ				○
		シルク				○
		カイリ				○
		カイリゴバ				○
		ゴバ				○
		ゴジュバ				○
		ジュバ				○
		オバ				○

항목	표제 어명	일본어명	형상(형태, 색상, 무늬 등)	서식지/ 생산지	습성/성질	기타 (용도, 크기 등)
여름	우럭	クロソイ	○			
	복어	ふぐ		○		
		フグ	○			
		ふく	○		○	○
		てっぽう			○	
가을	전어	このしろ				○
		これは				○
		シンコ				○
		ナカズミ				○
		はらきり				○
	고등어	マサバ	○			
		ホンサバ	○			
		サバ	○			
		ゴマサバ	○			
겨울	꽁치	サンマ	○		○	
		さんま	○			
		さより	○			
	명태	めんたい				○

위의 표에서 알 수 있듯이 물고기의 이름은 물고기의 특성을 비롯하여 물고기의 형태, 색상, 생태, 습성, 크기 등 다양한 요인을 반영하여 명명한다는 점을 알 수 있다. 우리나라의 경우는 고

유어로 명명된 것을 한자로 옮기는 바람에 이를 차음 표기, 차훈 표기 등의 방식으로 정확한 대응을 하지 못하여 본래의 어원과 다른 형태로 해석되어 바뀌는 경우도 있다.

그러나 중국의 경우는 물고기의 형태, 색상, 습성 등 객관적인 요인에 기인하여 명명한다는 점, 일본은 발음의 유사 현상에 따른 새로운 물고기 이름이 만들어져 명명하기도 한다는 점을 알 수 있다.

본서의 전체적인 물고기 이름을 분석했을 때, 한·중·일 삼국 모두 물고기의 이름은 대부분 그 형태나 분포 습성 등에 따라 여러 종류로 나눌 수 있었다. 그리고 물고기 종류에 따라 이들을 구별하기 위한 명칭어들이 존재하고, 그 물고기 명칭어의 구성요소 또한 매우 다양하여 그들의 이름을 갈래지우기란 쉽지 않았다.[1] 물고기 명칭어의 기본 구성 요소들을 정리하면 다음과 같다.

---

1 여러 가지 특성을 나타내는 수식 요소들 가운데 색채어, 서식처나 원산지와 관련 있는 요소, 신체 부위 관련 요소, 동식물 관련 요소, 수량을 나타내는 수량사, 물고기의 생태 및 습성 관련 요소 등이 있다.

물고기 명칭어의 구성요소

구성 요소	종류
색채어	고유어 색채어: 검정, 붉은, 빨간, 파랑, 흰 등
	한자어 색채어: 금, 녹, 묵, 백, 분홍, 은, 자, 적, 홍, 황, 흑 등
	혼합 색채어: 연붉, 자붉 등
서식처, 원산지	서식지: 강, 민물, 바다 등
	원산지: 부산, 남해, 일본, 태국, 구라파 등
신체 부위	꼬리, 코, 등, 입, 볼 등
동식물 관련 요소	동물: 범가자미, 쥐가오리, 까치돔 등
	식물: 꽃돔, 도화뱅어, 벚꽃뱅어 등
	물고기가 명칭어가 겹친 것: 넙치가자미, 꽁치가오리 등
수량사	하나에서 열까지의 기본 수량사

　　본서에 나타나는 물고기 명칭어 구성요소는 색채어, 서식처 및 원산지, 신체 부위, 동식물 관련 요소, 수량사 등으로 나눠진다.

　　먼저 물고기 명칭어에 나타나는 색채어를 보면 고유어 색채어와 한자어 색채어가 있고, 혼합된 색채어도 나타난다. 고유어 색채어는 '검정, 붉은, 빨간, 파랑, 흰' 등이 쓰이고 한자어 색채어는 '금(金), 녹(綠), 묵(墨), 백(白), 분홍(粉紅), 은(銀), 적(赤), 홍(紅), 황(黃), 흑(黑), 흑백(黑白)' 등이 쓰이며 고유어와 한자어가 혼합된 색채어는 '연붉, 자붉' 등이 쓰이고 있는데 본서에서는 '황어(黃

魚)', '백돈(白魨)', '검어(黔魚)' 등과 같이 고유어 색채어보다 한자
어 색채어가 더 많이 쓰이고 있다.

둘째, 물고기 서식처나 원산지 관련 요소가 포함되어 있는 물
고기 명칭어가 있다. 서식처로는 '강, 민물, 바다' 등이 있고 원산
지와 관련 있는 것은 '부산, 남해, 일본, 태국, 구라파' 등이 있는데
본서에서는 '검처귀(黔處歸)', '하돈(河豚)', '명태(明太)' 등이 대표적
인 예이다.

셋째, 물고기 형체의 여러 가지 특성을 나타내면서 물고기의
신체 부위가 물고기 명칭어에 내포된 것이 있다. '꼬리, 코, 등,
입, 볼' 등으로 본서의 대표적인 것이 '석수어(石首魚)'이다.

넷째, 물고기 명칭어 구성요소 가운데 동식물 관련 요소가 포
함되어있는 것이다. 식물 관련 요소로는 '교화공치(蕎花虹鰆)' 등
이 있고 동물 관련 요소로는 '노서반(老鼠斑)', '노호반(老虎斑)' 등
이 있으며 본서에서는 나타나지 않았지만 '넙치가자미', '참치방
어', '꽁치가오리' 등과 같이 물고기 명칭어가 겹친 것도 있다.

다섯째, 점이나 줄 따위와 같은 물고기의 무늬와 관련이 있는
수량사가 포함되어 있는 물고기 명칭어이다. 이는 하나에서 열
까지의 기본 수량사가 나타나는데 하나는 한자어 '단(單)'으로,
여섯은 한자어로 '육(六)'이 쓰이고 있다. 본서에서는 명태(明太)

의 이명(異名)인 '일태(一太)', '이태(二太)', '삼태(三太)' 등이 이와
유사하다.[2]

2. 인식에 따른 물고기 이름의 상징성

물고기의 이름은 처음에 물고기가 지니는 여러 가지
특성 가운데 서로 구별되는 차이를 식별해 주는 구체적이고 대
표적인 특성을 바탕으로 이름이 붙여졌다. 그러다 사람들이 당
시 여러 가지 경제적, 사회적, 문화적 등의 요인으로 물고기에 대
한 인식이 달라지고, 그 인식에 따라 물고기의 이름에 상징적인
의미가 덧붙여진 것으로 보인다. 그리고 언제, 어떤 공간, 어느
지역과 나라이냐에 따라 물고기에 대한 상징적인 의미 또한 달
리 나타난다. 한·중·일 삼국에서 물고기 이름에 대한 상징적 의
미를 가진 물고기를 정리해보면 다음과 같다.

---

2 명태의 이명(異名)에 수량사가 포함되어 있기 는 하나 물고기가 잡히는
시기에 따른 물고기 명칭어의 구성요 소라고 할 수 있다.

한·중·일 물고기 이름의 상징성

표제어명(한국어)	한국	중국	일본
조기	助氣, 天知魚	黃魚	グチ(愚痴)
멸치	蔑魚, 鱴魚	*3	いわし(鰯魚)
우럭	鬱抑, 鬱抑魚	*	*
복어	*	*	てっぽう(鐵砲)
전어	錢魚	*	このしろ(鱅·鮥)
고등어	*	*	*
꽁치	*	*	*
명태	明太	*	*

위의 표에서 한·중·일 삼국 모두 물고기 이름에 상징적인 의미를 가지고 있는 어종(魚種)은 '조기' 뿐이다. 조기의 경우, 우리나라에서는 기운을 차리게 해주는 물고기라고 하여 '조기(助氣)'로 쓰였는데 조기가 '조기(助氣)'로 쓰인 후부터는 몸이 안좋거나 소화가 잘 되지 않거나 식욕이 없거나 할 때 찾아서 먹는 물고기가 되었다. 이는 조기(助氣)의 이름에 사용된 한자에 그 상징적인 의미가 부여된 것으로 볼 수 있다. 이는 중국에서도 마찬가지다.

---

3   *는 물고기 이름에 상징적인 특별한 의미를 가지고 있지 않음을 표시한 것이다.

중국에서 조기는 '황어(黃魚, huángyú)'라고 부르는데, 중국 사람들
은 조기의 황금빛 비늘에 매료되어 조기는 물론 우리에게 짝퉁
조기라고 천대받는 부세까지 극진한 물고기로 대접해주고 있다.
반면 일본의 경우 조기는 '푸념하는 물고기'라고 하여 그렇게 중
요한 물고기로 생각하지 않는다.[4] 이 같은 한·중·일 조기에 대한
생각의 차이는 우리는 조기를 '기운을 돕는 물고기'로, 중국에서
는 '새해 복을 주는 물고기'로, 일본에서는 '어묵 재료로 쓰는 잡
고기'로 나타났다. 이는 식재료로서 가치의 차이뿐만 아니라 조
기 이름을 두고서도 극명하게 갈라졌다. 이처럼 한·중·일 삼국
의 사람들이 동일한 물고기 한 마리를 두고 바라보는 시각이 이
렇게까지 차이가 남을 알 수 있다.

　이러한 물고기에 대한 인식은 전어에서도 비슷하게 나타난
다. 우리나라의 경우 전어는 비싼 값을 주고서라도 사 먹는 물고
기로 '전어(錢魚)'라고 표기한다. 그러나 일본에서는 'このしろ'
라고 하는데 자식을 대신해 태운 물고기로 일본 사람들은 전어
굽는 냄새를 질색할 정도라 한다. 이 역시 한국과 일본에서 같은

4　같은 조기 울음소리를 들으면서 일본 어부들은 물고기가 시끄럽게 투
　　덜거린다고 여겼고, 조선 어부들은 하늘이 물고기 떼가 간다고 알려주
　　는 소리라고 생각했다.

전어를 두고 완전히 상반되게 여겼음을 알 수 있다.

멸치의 이름에서도 우리나라는 '멸어(蔑魚)', 일본에서는 '약어(鰯魚)', 중국에서는 '제어(鯷魚)'로 사용하고 있는데 '멸어(蔑魚)'라는 이름에서도 알 수 있듯이 다른 나라에 비해 우리나라에서 멸치를 얼마나 '하찮은 물고기'로 여겼는지 알 수 있다.

다른 예를 들면 중국과 일본에서는 우럭의 이름을 각각 '석반어(石斑魚)', '흑조이(黑曹以)'라고 명명한다. 표기된 우럭의 한자 이름에서 볼 수 있듯이 중국과 일본에서는 우럭의 형상에 기인하여 명명된 이름이다. 반면 우리나라에서 우럭은 '울억어(鬱抑魚)'라고 하여 '답답하고 고집이 있는 물고기', '억울한 물고기'라는 의미를 가진다. 원래 우럭의 서식지나 습성을 보면 우럭은 주로 바위 밑이나 돌 주위에 어두운 곳에 서식하고 다른 물고기에 비해 활동성이 적은 편이라 낚시꾼들에게도 잘 잡히지 않는 물고기 중의 하나로 알려졌다. 그러다 보니 우럭의 이름은 처음에는 우럭이 입을 꼭 다물고 있는 모습에서 붙여진 이름이었다가 이후 사람들의 인식에 의해 '답답한 물고기', '고집쟁이 물고기', '억울한 물고기' 등의 상징적 의미가 더해진 듯하다.

또 다른 예를 들면 복어의 경우 한·중·일 삼국에서 모두 '하돈(河豚)'으로 통일된 이름을 가진다. 중국은 한자의 종주국답게 다양한 복어의 이름을 가지고 있다. 일본 또한 '하돈(河豚)' 이외에 복어의 외형적 특징에 기인한 명명, 발음의 유사성에 기인한 명명, 복어의 습성에 기인한 명명 등 일본에서 불리는 복어의 이름과 별명이 존재한다. 그러나 한국에서는 다른 물고기와 비교했을 때 복어의 이름이나 복어가 지니는 상징성을 갖고 있지는 않다. 그 이유는 무엇일까? 이는 아마도 한국에서 사용하는 복어의 이름이 대부분 중국에서 유입된 것이고, 우리가 현재 알고 있는 복어에 대한 과장된 표현 역시 대부분 중국과 일본에서 비롯된 것으로 복어에 대한 인식은 중국과 일본의 영향을 받았을 가능성이 크다. 그러다 보니 우리나라에서는 복어에 대한 특별한 인식이 존재하지 않을 뿐만 아니라 복어의 이름에도 영향을 미친 것으로 볼 수 있다.

꽁치도 우리나라에서 상당히 오래전부터 어획된 물고기 중의 하나로 그 이름 또한 다양하지만 '공치(虹鯔)', '공어(貢魚)', '공치어(貢侈魚)' 등 대부분의 이름이 차음 표기로 어떤 특별한 의미를 부여하거나 상징성을 가지고 있지는 않다.

반면 명태(明太)는 그 이름에서도 알 수 있듯이 우리 사회에서 차지하는 비중이 얼마나 크고 중국과 일본에 영향을 미쳤는지 알 수 있다.

　이렇게 한·중·일 각국에 명명된 물고기 이름을 살펴보니 우리
나라가 '기운을 차리게 해주는 물고기—조기(助氣)', '업신여겼던
물고기—멸치(蔑魚)', '억울한 물고기—우럭(鬱抑)', '비싸도 사 먹는
물고기—전어(錢魚)', '어둠을 밝게 해주는 물고기—명태(明太)' 등
과 같이 중국과 일본보다 상대적으로 물고기에 대한 인식과 당시
의 시대상을 가장 잘 반영하여 물고기 이름을 명명한 듯하다.

2장

너의 이름이 갖는 의미

사람에게는 언제부터 이름이 붙여졌고, 사물에 이름을 붙이기 시작한 것은 언제부터일까? 기록으로 남아 있는 것을 본다면 성경 속에서 찾을 수 있을 것 같다. 성경 창세기에는 아담이 생물에 이름을 지어 붙였다는 기록이 나온다. 그리고 삼황(三皇) 신농씨(神農氏)는 자신이 실험한 약초에 이름을 붙였다고 한다. 또 실존했던 인물 중에서는 식물학의 시조이며 생물분류학의 아버지라고 불리는 카를로스 린네(Carolus Linnaeus:1707~1778)가 생물에 이름을 붙이는 분야에서 대가로 꼽힌다. 우리나라에서는 고조선 이전부터 이름이 존재하였지만 성(姓)과 이름이 일반화된 것은 고려 중기 이후부터라고 한다. 그리고 사물에 이름을 붙이기 시작한 정확한 시기는 알 수 없지만 우리의 일상에서 꽤 오래전부터 함께하였다.

『명심보감(明心寶鑑)』에 '하늘은 녹 없는 사람을 내지 않고, 땅은 이름 없는 풀을 기르지 않는다.(天不生無祿之人, 地不長無名之草)'는 말이 있듯이 세상 만물에는 그에 알맞은 이름이 존재하기 마련이다. 비단 사람뿐 아니라 바다에 사는 물고기, 육지에 사는 동물, 대지에 피어나는 무수한 식물 또한 각기 이름이 있고 그 이름은 나름대로의 의미를 가지고 있다. 이런 이름이 주는 의미는 단순히 그 이름이 갖는 의미를 떠나 당시 그 이름을 그렇게 명명

한 이유, 방식, 문화 등을 엿볼 수 있어서 어떤 이름에 대한 어원
을 밝히는 일을 매우 흥미로운 일이다.

  우리나라의 물고기 이름은 한글 이전에 고유어로 존재하던
것을 문자로 표기하면서 본래의 어원과 다르게 다양한 모습으로
나타나는데 기록에 남아 있는 물고기 이름은 한자의 차자표기이
거나 한글이 창제된 이후에 기록된 것이라 명명의 이유가 정확
하다고 확정할 수 없다. 그렇기 때문에 물고기의 특성, 다른 물고
기와의 관련성, 인지적 특성, 표기의 특성 등 논리적인 방법에 따
라 다양하게 재구할 필요가 있다.

  본서에서 다루고 있는 물고기 이름의 어원 연구 또한 이러한
인식에 기초하여 당시 사람들이 물고기에 대한 인식이 어떠했는
지, 한·중·일 삼국에서 어떠한 언어문화 교류 현상이 나타났는
지 등을 추정해 볼 수 있을 것이다.

1. 본명(本名)이 갖는 의미

  물고기 이름에는 본명(本名)이 있고, 학명(學名), 속명
(俗名), 별명(別名) 등 다양한 이명(異名)이 존재한다. 그러나 무엇

보다 중요한 것은 이름이 없던 물고기에 부여된 본래의 이름이
갖는 의미이다.

> ①『화음방언자의해(華音方言字義解)』에 의하면 조기에
> 부여된 이름은 '석수어(石首魚)'이다.
> ②『균역행람(均役行覽)』에서 '전라도 멸치망(滅致網)'에
> 대한 소개가 나오는데 여기에서 '멸치(滅致)'라는 이
> 름이 최초로 기록되었다.
> ③ 우럭은 조피볼락의 방언이다.
> ④ 복과 복어는 일제강점기 이후부터 많이 사용되는 복
> 어의 이름이지 그 이전에는 하돈(河豚)이란 이름으로
> 더 많이 알려져 있다.

조기의 원래 이름은 '석수어(石首魚)'이다. '석수어(石首魚)'는
머릿속에 단단한 뼈가 있어 붙여진 조기의 이름으로 그 이름 안
에서 조기의 형태적 특징이 무엇인지 알 수 있다.

멸치의 이름은 '말자어(末子魚)', '멸아(鱴兒)', '멸어(蔑魚)', '이
준(鮧鱒)', '추어(鯫魚)', '행어(行魚)' 등 다양하게 제시하고 있지만
멸치의 최초 이름은 '멸치(滅致)'이다. 멸치의 본명에 근거하여

해석하면 '물 밖으로 나오자마자 보내는(죽는 짓) 물고기'로 멸치의 속성에 빗대어 붙여진 이름임을 알 수 있다. 그래서 이후 나온 '멸어(蔑魚)', '멸아(鱴兒)' 등의 멸치 이름 또한 본명을 바탕으로 만들어진 것으로 볼 수 있다.

우럭의 표준명인 '조피볼락'의 이름도 마찬가지다. 조피볼락의 '조피'는 거칠거칠한 껍질을 의미하는 순우리말로 원래는 식물의 줄기나 뿌리 따위의 거칠거칠한 껍질을 의미하고 '볼락'은 수많은 양볼락과를 가리킨다. 물론 조피볼락보다 방언인 우럭의 이름이 우리들에게 더 많이 알려져 있지만 그 물고기의 형태적 특징을 고려한다면 '조피볼락'이라는 본명이 우럭의 특징을 더 뚜렷하게 나타내는 이름이다.

복어의 이름에서도 알 수 있듯이 한국어의 '복' 또는 '복어'란 이름은 전복과 혼동하여 사용하고 있어 복어의 이름에 부합되지 않는다. 그러나 중국에서 유입되어 사용하고 있는 '하돈(河豚)'의 이름은 복어의 본명이라고 할 수는 없지만 우리나라에서는 복어의 명칭을 '하돈(河豚)'으로 더 많이 표기하고 사용하고 있다. 이처럼 물고기는 다양한 이름을 가지고 있지만 자신을 가장 잘 표현할 수 있는 이름은 물고기 본래의 이름일 것이다.

2. 이명(異名)을 통한 의미화 시도

물고기 이름 유래에는 이름이 없던 물고기에 새로운 이름을 붙여준 것도 있지만 본래의 이름 외에 다른 이름 즉, 이명(異名)이 붙는 것도 있다.

① 조기와 굴비
② 전어와 떡전어

'굴비'라는 이름은 언제 어디서 명명된 것인지는 알 수 없으나 동아일보 기록에 의하면 굴비는 조기를 말린 것으로 전남 수산업 중에서 중요한 산물의 하나라고 한다.[1] 그리고 이자겸이 귀양살이 도중 영광굴비의 별미를 알고 왕에게 진상하기까지 했는데 이때부터 영광굴비는 진상품으로 '석수어(石首魚)'라는 이름과 함께 오늘에 이르게 됐다는 것이다.[2]

1 『동아일보』, 1934년 01월 03일 7면 기사.
2 '굴비'라는 이름의 유래는 고려 인종(仁宗) 때 '이씨를 가진 자가 나라를 얻는다'는 말을 믿고 난을 일으켰던 이자겸이 역모에 실패하고 영광 법성포에 유배되어 귀양살이를 하던 때로 거슬러 올라간다. 영광 법성

　'떡전어'라는 이름은 경남 진해 속천에서 전어 중에 붉은색을 띠고 모양이 떡처럼 펴져 있으며 맛이 떡같이 고소하다고 하여 붙여진 이름이다. 그 이름의 유래를 살펴보면 조선 시대 내이포(현재의 경남 창원시 진해구 웅천, 괴정마을)에 살던 양반이 관찰사를 대접하기 위해 새끼 전어를 잡아 오라는 수령의 명을 거절해 곤경(양반의 목을 치기 위해 망나니가 칼춤을 추고 있을 때)에 처했다. 그런데 이때 갑자기 바다에서 전어가 튀어 올라 백사장에 떨어지기 시작했는데 물에 올라오자마자 빨간 핏기를 띠며 죽어가는 전어들이 모래 위에 놓여진 모습이 마치 '덕(德)'이라는 글자 형태와 흡사했다. 이를 본 관찰사는 자신의 어리석음을 깨닫고 이 양반을 풀어주었다고 한다. 그 후 내이포 주민들은 이 일대 전어를 '덕전

───

포에서 귀양살이를 하던 이자겸은 소금에 절여 바위에 말린 조기의 맛이 너무 좋아 임금님께 진상했다. 하지만 이자겸이 왕을 위해 굴비를 진상한 것은 '결코 자신의 죄를 면하기 위한 아부가 아니고 임금에 대한 변함없는 충정과 함께 자기의 옳은 뜻을 비굴하게 굴하지 않겠다'는 뜻이었다. 이에 이자겸은 '굴하다 굴(屈)'과 '아니할 비(非)'의 한자를 따 '굴비(屈非)'라 이름을 지었다. 이후 이자겸은 귀양살이를 한 영광과 법성포의 지명 이름을 붙여 '영광굴비', '법성포굴비'라 불렀고 이는 널리 사람들에게 알려졌다. 이자겸에게 굴비를 진상받은 인종은 그 맛에 매우 흡족해했고 영광굴비를 매년 진상하도록 명했다. 이때부터 영광굴비는 임금께 진상되는 고기라 불리며 더욱 유명해졌다.

어'로 불렀고, 이 덕전어가 경상도의 된소리로 발음되면서 '떡전어'가 됐다는 속설이 전해오고 있다.

이처럼 굴비와 떡전어의 이름 유래는 구전설화를 통해 기존 조기와 전어의 이름에 문화적 의미가 더해져 새로운 이름이 생겨난 것이다. 구전설화는 오늘날의 일반적인 텍스트보다 문화적 의미를 풍부하게 담고 있어서 당시의 사유 방식과 체계를 엿볼 수 있는 좋은 텍스트이다. 그래서 물고기 이름의 유래에는 구전설화의 문화적 의미에 따라 '굴비'와 '이자겸', '영광', 그리고 '떡전어'와 '덕(德)전어', '경상도(진해)'라는 지역의 의미화 과정을 볼 수 있다.

3. 지역을 강조한 의미화

물고기 이름 유래에서 강조되고 있는 것은 물고기 이름을 붙이게 된 과정이기도 하지만 물고기와 관련된 특정 지역이 부각되고 있다는 점도 눈여겨 볼만하다.

① 이자겸이가 척신으로 맞어가지고 법성포로 유배될

당시에 밥상 위에 올라오는 조기가 황금조기로서 누
래서 알이 베겼는디, 먹어보니 맛이 좋거든.

② (경남)사천이나 남해 등지에서 나는 일명 '죽방멸치'
는 멸치의 왕중왕으로 꼽히는데 값이 비싸서 '귀족
멸치'라는 별칭도 있을 정도다.

③ (서해안)태안에서 보리누름에 우럭국을 먹지 못하면
삼복(三伏)을 나지 못한다.

④ (함북)명천(明川)에 사는 어부 중에 태씨(太氏) 성을 가
진 자가 있다.

위의 예에서 보듯이 특정 물고기는 특정 지역과 관련이 있는
것으로 설명되고 있다. 이는 명태처럼 물고기가 산출되는 지리
적 특성과 관련되어 있는 경우도 있지만 대부분은 굴비처럼 법
성포에서 만들어지는 것이 최고인 것으로 이야기되는 물고기
즉, 특산품 혹은 토속품(음식)을 강조하는 의미로 지역이 강조되
고 있다. 이들은 여러 지역에서 산출되는 물고기들이지만 특정
지역이 강조되거나 강조함으로써 그 지역의 특산품 혹은 토속품
(음식)으로 인식되거나 인식시키고 있는 셈이다.

남해 지족마을 죽방렴(출처 국립민속박물관)

특히 토속음식으로의 자리매김은 특정 지역의 생물기후학적
인 조건과의 연계가 아니라 그 지역에 대한 명성과 이미지를 바
탕으로 구축된 연계가 더 중요하게 작용하는 경우가 많다. 흔히
지역의 음식에는 그 지역의 자연환경과 문화, 생활습관 등이 고
스란히 담겨 있고, 이러한 음식문화는 다른 문화 요소와 동일한
환경의 영향을 받고 상호 상관관계 속에서 형성 발전하면서 전
체를 이루는 문화 요소이라고 할 수 있다. 그래서 음식은 단순히
음식 그 차제가 아니라 생산, 유통, 요리 등의 다양한 문화 요소
들이 복합된 문화복합체라는 것이다.

물고기 이름의 유래에 등장하는 다양한 이명(異名) 역시 이러
한 다양한 문화 현상들을 의미화하는 과정을 거치면서 생겨난

것이다. 다시 말하면 여러 지역에서 산출되는 물고기가 특정 지역의 특산품으로 인식되기 위한 의미화 과정을 거치게 되고 이러한 것들이 또 다른 이름으로 이미지화되는 것으로 볼 수 있다.

3장

우리의 이름이 갖는 의미

　　이름은 모든 사물의 기초로 모든 것이 이름에서 출발한다고 해도 과언이 아니다. 그만큼 이름은 우리가 살아가는 환경을 이해하는데 가장 기초적이고 기본적인 요소라고 볼 수 있다. 우리가 살아가는 환경은 달리 우리에게 주어진 문화로 볼 수 있는데 이 문화는 우리가 태어나기 전에 이미 존재하는 것으로 스스로 선택할 수 있는 것은 아니다. 그렇다면 이러한 문화는 어떻게 전해져 내려왔을까?

　사람은 태어나자마자 이름을 가지고 다른 사람의 말을 듣고 배우며 살아간다. 의사소통의 수단인 말은 대화가 되고 이야기로 이어지며 이야기를 통해 우리는 문화를 익히고 그 문화 안의 한 구성원이 되어간다. 따라서 말은 의사소통의 수단뿐만 아니라 한 사람을 사회화시키는데 중요한 역할을 하는 것이다.[1] 그렇다면 언어는 문화를 생겨나게 한 원인이기도 하고 그 문화를 전

1　그리스 로마신화와 우리의 단군신화에서 보듯이 각 민족마다 혹은 각 나라마다 전해져 내려오는 이야기가 있다. 신화와 전설, 그리고 전래 이야기는 그 민족을 하나로 모으는 구실을 한다. 각 민족이 공유하는 코드가 되는 것이다. 그 마을의 풍습은 이야기를 통해서 전해져 내려왔다. 각 마을마다 독특한 풍습이 있다면 각 문화 또한 당연히 고유한 전통을 가지고 있다. 따라서 문화는 각각의 민족이 가진 이야기가 집대성되어 이루어진 것으로 볼 수 있다.

해 내려가게 하는 도구이기도 하다.

  예를 들어 한국 속담 중에 '썩어도 준치'라는 말이 있다. 준치 이름의 어원과 유래를 살펴보면 준치의 한자 이름은 '진어(眞魚)' 이다. 그 의미는 맛으로 보면 준치가 진짜 생선이라는 것에서 명 명된 이름이다. 그리고 준치의 또 다른 이름으로 '시어(鰣魚)'가 있다. 이는 제철이 지나면 완전히 사라진다고 해서 붙여진 이름 이다. 정약전(丁若銓)의 『자산어보(玆山魚譜)』에서 시어(鰣魚)는 살 이 통통하고 맛은 좋으나 가시가 많다고 기록했다.[2]

  중국에서는 맛은 좋은데 아무 때나 맛볼 수 없는 시어(鰣魚)를 고대의 산해진미(山海珍味)인 팔진미(八珍味) 중 하나로 꼽았다.[3] 특히 명(明)나라를 건국한 주원장(朱元璋)의 제사상에는 항상 시 어(鰣魚)가 올라갔는데 명나라 수도를 남경에서 북경으로 옮긴 후에도 주원장(朱元璋)의 제사상에는 시어(鰣魚)가 빠지지 않았다

---

2 ... 大二三尺, 體狹而高, 鱗大而多, 鯁背靑, 味甘而淸 ...(... 크기는 2~3자 정도로 몸은 좁고 높으며 비늘이 크고 가시가 많으며 등은 푸르다. 맛이 달고 시원하 다. ...)

3 양귀비(楊貴妃), 서시(西施), 초선(貂蟬), 왕소군(王昭君)은 중국의 4대 미인 이다. 생김새가 아닌 맛을 기준으로 황하의 잉어, 이수의 방어, 송강의 농어, 양자강(揚子江)의 시어(鰣魚)를 선정한 중국인들은 이중 양자강(揚 子江)의 시어(鰣魚)를 의인화시켜 '물속의 서시'로 부르며 사랑했다.

고 한다.[4] 시어(鰣魚)를 운송할 때, 올라가는 길목 15㎞마다 대형
수족관을 만들어 놓은 후 낮에는 깃발을 꽂고 밤에는 불을 피워
위치를 알려가며 시어(鰣魚)를 운송했다고 한다. 이런 과정을 거
쳐서 북경에 도착한 시어(鰣魚)는 운송 도중에 죽거나 신선도가
떨어졌다. 그래서 실제로 선도를 유지한 시어(鰣魚)는 천마리 중
서너 마리에 불과했고 이중 멀쩡한 것은 제사상에 오르고 상한
것은 대신들에게 하사했다. 이때 강남 출신이 아닌 대신들은 상
한 준치를 먹으면서 맛있다고 했지만 강남 출신의 신하는 버렸
다고 한다. 여기서 '썩어도 준치'라는 말이 유래되었다.[5] 이처럼
언어가 문화와 관련 있는 예는 무수히 많다. 특히 속담과 관용구
는 상징성, 관습성, 대중성, 일상성을 바탕으로 오랜 세월에 거쳐
정착된 것으로 우리 삶의 문화를 표현하고 전달하는 기능을 가
지고 있다. 그래서 본서에 관련된 물고기 속담과 관용구에 대해
살펴보면 다음과 같다.

---

4 양자강(揚子江)이 흐르는 강남(江南)에서 북경(北京)의 자금성(紫禁城)까
   지는 거리가 약 1300㎞로 3000리가 넘는 거리를 쉬지 않고 말을 달려
   이틀 안에 살아 있는 시어(鰣魚)를 실어 날랐다.

5 일본 속담 중에 '썩어도 도미'라는 말이 있다. 일본에서 도미는 모든 물
   고기의 왕으로 떠받드는 생선이다. 그러나 한국은 '썩어도 준치'라는
   속담처럼 도미 대신 준치를 최고로 여겼던 모양이다.

한·중·일 물고기 관련 속담 및 관용구

조기	
한국	-3월 거문도 조기는 7월 칠산장어와 안 바꾼다. -칠산 바다 조기 뛰니 제주 바다 복어 뛴다. -조기만도 못한 놈 -조깃배에 못 가리라
중국	-典賑買黃魚
일본	-グチをこぼす -グチ
멸치	
한국	-멸치도 창자가 있다.
일본	-コブシの花が咲くとイワシが捕れる -鰯の頭も信心から -鰯網で鯨捕る -鯛の尾より鰯の頭
우럭	
한국	-고집쟁이 우럭 입 다물 듯
중국	-石斑魚鮓香沖鼻, 淺水沙田飯繞牙
일본	-北海道の真鯛
복어	
한국	-복어 이 갈 듯 한다. -복어 한 마리에 물 서 말
중국	-吃河豚魚長大的(拼命三郎) -拚死吃河豚(一命搏一命) -拼死吃河豚(命搏一命; 一命搏一命; 不怕死;死都不怕; 犯不着; 豁出去了) -捨命吃河豚(值不得; 不值得; 犯不着)

일본	-ふぐは食(く)いたし命(いのち)は惜(お)しし. -フグは食いたし命は惜しい

전어	
한국	-가을 전어 머리에는 깨가 한 되다. -봄 도다리, 가을 전어 -전어 굽는 냄새에 집 나간 며느리 돌아온다. -전어 한마리가 햅쌀밥 열그릇 죽인다
일본	-鰶の背中のよう -一昨日漁れた鰶

고등어	
한국	-가을 고등어는 며느리에게 주지 않는다.
일본	-サバを読む -秋サバは嫁に食わすな -鯖の生き腐れ

꽁치	
한국	-꽁치는 서리가 내려야 제 맛. -꽁치는 주둥이로 망한다.
일본	-秋刀魚が出ると按摩(あんま)が引っ込む -さんまはあんま泣かせ -貧乏(びんぼう)秋刀魚に福鰯(ふくいわし) -秋刀魚は目黒に限る(꽁치는 메구로가 제일)

명태	
한국	-노가리 까다 -동태나 북어나 -눈에 명태 껍질이 덮였다 -명태 만진 손 씻은 물로는 사흘 동안 국을 끓인다.
일본	-鱈汁と雪道は後が良い -鱈は馬の鼻息で煮る

위의 표에서 볼 수 있듯이 한국과 일본에서는 물고기 관련 속담과 관용구가 다양하게 존재한다면 중국에서는 물고기 어종(魚種)에 따른 속담과 관용구보다 물고기 전체를 지칭하는 '어(魚)'자와 관련된 관용구가 많다.[6]

먼저 우리나라 조기와 관련된 속담 및 관용구 표현을 보면 '3월 거문도 조기는 7월 칠산 장어와 안 바꾼다.'는 속담이 있다. 이 속담은 3월 남해 지역에서 잡히는 조기 맛이 뛰어남을 강조하고 있는 것으로 속담에서 말한 7월의 칠산 바다는 서해안 영광 앞바다를 의미하는데 서해안에서 잡힌 맛있는 장어라도 3월의 조기 맛과는 비교할 수 없다는 것이다. 이는 '칠산 바다 조기 뛰니 제주 바다 복어 뛴다.'는 속담에서도 알 수 있듯이 조기의 맛에 찬사를 보내는 것이다. 이런 조기의 아름다운 맛을 중국에서는 '典賬買黃魚'라고 표현하고 있다. 이 속담은 '저당을 잡히더라도 황어(黃魚)를 사먹겠다.'는 뜻으로 황어(黃魚)의 맛이 그만큼 맛있어서 중국 사람들이 좋아한다는 의미이다. 그러나 일본에서

---

6 '水淸魚自現', '小魚穿大串', '鯉魚跳龍門', '放長線釣大魚', '一條魚滿鍋腥', '魚幫水水幫魚', '魚戀魚蝦戀蝦', '魚找魚蝦找蝦', '池裏無魚蝦爲大', '貓哪有不吃魚的', '千滾豆腐萬滾魚', '水淺養不住大魚', '小魚穿在大串上', '小魚翻不了大浪', '小魚掀不起大浪', '一條魚腥一鍋湯', '又想吃魚又怕腥' 등이 있다.

는 '*グチをこぼす*(투덜대다)'와 '*グチ*(조기의 별명)'[7]처럼 부정적인 의미로 조기를 표현한다. 이는 우리나라 속담 중에 '조기만도 못한 놈', '조깃배에 못 가리라'는 것과 같이 조기의 회유하는 특성에 빗대어 시간 약속을 잘 지키지 않는 사람을 일컫거나 쓸데없이 말이 많거나 수다스러운 사람을 빗대어 나타내기도 한다.

전어와 관련된 속담 및 관용구에서도 각국의 문화적 차이를 볼 수 있는데, 우리나라는 가을만 되면 자주 듣는 말 중에 '전어 굽는 냄새에 집 나간 며느리 돌아온다.'는 속담이 있다.[8] 이 속담은 집 나간 며느리가 돌아올 정도로 전어가 맛있다는 표현이다. 그리고 전어를 소재로 한 '가을 전어 머리에는 깨가 서 말이다.'[9], '봄 도다리, 가을 전어'와 같은 속담도 많다. 그런데 일본에서는 어린 전어를 많이 먹기는 하지만 전어 굽는 냄새에 질색할 정도

------

7 조기를 낚으면 '꾸르륵'하고 낮은 소리를 낸다. 그로부터 투덜투덜 불평불만을 토로하는 것을 나타내게 되었다.

8 갓 잡은 전어의 비늘을 벗겨내고 잔뼈와 함께 잘게 썰어서 꼭꼭 씹어 먹으면 고소한 맛이 우러난다. 전어는 기름이 많은 생선으로 구울 때 지글거리며 특유한 냄새가 나고 고소해서 '전어 굽는 냄새에 집 나가던 며느리가 돌아온다'라는 속담이 생겼다.

9 '가을 전어에는 깨가 서 말이다.'라는 속담은 전어는 산란기인 봄에서 여름까지는 맛이 없지만, 가을이 되면 체내에 지방질이 차 맛이 좋다는 뜻이다.

로 전어를 선호하지 않는다. 그래서 잘 있던 며느리가 전어 굽는 냄새에 집을 뛰쳐나갈 정도라는 말이 있다. 이처럼 똑같은 전어 굽는 냄새에 한국 며느리는 집을 나갔다 돌아오고 일본 며느리는 집을 뛰쳐 나간다는 것인데 왜 이런 차이가 생겼을까? 이는 한국과 일본에서 사용하고 있는 전어의 이름이 갖는 의미에서 찾아볼 수 있다.

또 다른 예로 복어와 관련된 표현을 보면 우리나라에는 '복어 한 마리에 물이 서 말'[10], 중국에서는 '捨命吃河豚'[11], 일본에서는 'フグは食いたし命は惜しい'[12]라는 말이 있다. 이 표현들은 모두 복어를 먹는 사람들에게 복어의 독을 주의하라는 의미로 한·중·일 삼국에서 복어에 대한 인식이 비슷했음을 알 수 있다. 이러한 복어에 대한 인식은 중국에서 유입된 '하돈(河豚)'이란 이름이 한국과 일본에서 사용하고 있고 복어에 대한 과장된 표현 또한 중

---

10 이 속담은 복어가 가지고 있는 사람을 죽게 할 수도 있는 맹독을 없애기 위해 복어요리를 할 때는 많은 양의 물로 피를 충분히 씻어 버리라는 의미이다.

11 '목숨을 걸고 복어를 먹는다'는 뜻으로 어떤 일에 목숨을 걸고 행한다는 의미이다.

12 '복어는 먹고 싶지만 중독의 위험성 때문에 꺼려지게 된다'는 뜻으로 하고 싶은 일이 있지만 행동하기를 주저한다는 의미로 쓰인다.

국의 영향을 받아 각국에 전파되어 그대로 사용하고 있는 것에서 시작되었을 것이다.

이런 속담이나 관용 표현은 뜻밖의 사실과 역사, 문화적인 의미를 많이 담고 있어서 그 속에서 각 나라별 문화적 현상과 사물에 대한 인식의 차이를 엿볼 수 있다.

이처럼 언어의 이해는 곧 문화의 이해라는 말과 일치가 된다. 사실 이름은 사소한 사항에 지나지 않지만 이름 그 안에 깊숙한 배경, 문화라는 커다란 배경을 깔고 있기 때문에 길고 긴 시간이 흘러 내려오는 동안 형성된 역사라고 할 수 있다. 이에 문화에 대한 깊은 이해는 이름에 대한 이해부터 시작되어야 할 것이다.

참고문헌

1. 기본자료

『경상도지리지(慶尙道地理志)』, 1425.

『향약집성방(鄕藥集成方)』, 1433.

『세종실록지리지(世宗實錄地理志)』, 1454.

김　려, 『우해이어보(牛海異魚譜)』, 1803.

서유구, 『난호어목지(蘭湖魚牧志)』, 1820.

서유구, 『임원경제지(林園經濟志)』, 1527.

신이행, 『역어유해(譯語類解)』, 1690.

유　희, 『물명고(物名攷)』, 1820.

유희춘, 『신증유합(新增類合)』, 1576.

이규경, 『오주연문장전산고(五洲衍文長箋散稿)』, 1788~1863.

이수광, 『지봉유설(芝峯類說)』, 1614.

이만영, 『재물보(才物譜)』, 1798.

이　행, 『신증동국여지승람(新增東國輿地勝覽)』, 1530.

정약용, 『아언각비(雅言覺非)』, 1819.

정약전, 『자산어보(玆山魚譜)』, 1814.

정윤용, 『자류주석(字類註釋)』, 건국대학교출판부, 1856.

정익로, 『국한문신옥편(國漢文新玉篇)』, 야소교서원, 1908.

조선광문회, 『신자전(新字典)』, 신문관, 1915.

지석영, 『자전석요(字典釋要)』, 회동서관, 1909.

최세진, 『훈몽자회(訓蒙字會)』, 대제각, 1527.

허 준, 『동의보감(東醫寶鑑)』, 1610.

현공렴, 『한선문신옥편(漢鮮文新玉篇)』, 대창서원, 1913.

홍명복, 『방언집석(方言集釋)』, 1778.

한어대사전편찬처, 『강희자전(康熙字典)』, 상해사서출판사, 2007.

2. 학위논문

김홍석, 『한국산 어류명칭의 어휘론적 연구』, 공주대학교 교육대학원 석사
　　　학위논문, 1996.

강영봉, 『제주도 방언의 동물 이름 연구』, 경기대학교 박사학위 논문, 1993.

김영일, 『한국어와 알타이어의 접미사 비교연구』, 효성여자대학교 대학원
　　　박사논문, 1986.

김중빈, 『魚譜類에 나타난 19C초의 수산물 어휘 연구』, 공주대학교 교육대
　　　학원 석사학위논문, 2004.

노재민, 『물고기 이름 연구』, 충북대학교 교육대학원 석사학위논문, 2000.

노재민, 『현대국어 식물명의 어휘론적 연구』, 서울대학교 대학원 석사학위
　　　논문, 1999.

양연회, 『물명류고에 대한 고찰-어휘, 음운과 문자표기를 중심으로』, 서울

대학교 대학원 석사학위논문, 1976.

연규동, 『근대국어 어휘집 연구』, 서울대학교 대학원 박사학위논문, 1996.

윤정옥, 『우리나라 물고기 이름 형태 의미구조 연구』, 울산대학교 교육대학원 석사학위논문, 2008.

3. 일반논문 및 단평류

구본관, 「파생어의 형성과 의미」, 『국문학논집』39, 국어학회, 2002.

김광해, 「한자 합성어」, 『국어학논집』24, 국어학회, 1994.

김근수, 「물명고」, 『한국학』제2집, 한국학연구소, 1974.

김근수, 「물명고와 물보 해제」, 『도협월보』11권 8호, 한국도서관협회, 1970.

김근수, 「한국실학과 명물도수학」, 정신문화 12호, 한국정신문화연구소, 1982.

김대식, 「자산어보고」, 『수선논집』6, 성균관대학교 대학원, 1981.

김문기, 「근세 동아시아의 魚譜와 어류지식의 형성」, 『역사와 경계』99, 부산경남사학회, 2016.

김양섭, 「임연수어 도루묵 명태의 한자표기와 설화에 대한 고증」, 『민속학연구』제38호, 국립민속박물관, 2016.

김일병, 「한자 합성어의 구조와 형성에 대한 연구」, 『국어교육』118, 한국어교육학회, 2005.

김중빈, 「魚譜類에 나타난 19C초의 수산물 어휘연구」, 『한어문교육』12, 한국언어문학교육학회, 2004.

김홍석, 「어명(魚名)의 명명법에 대한 어휘론적 고찰」, 『국문학논집』17, 2000.

박종오, 「물고기 이름 유래담의 내포적 의미 고찰」, 『탐라문화』제56호, 제주대학교 탐라문화연구원, 2017.

박헌순, 「이름의 종류」, 『새국어생활』제1권 1호, 국립국어연구원, 1991.

손병태, 「경북 동남 지역의 어류 명칭어 연구」, 『한민족어문학』32, 한민족어문학회, 1997.

신경철, 「물명고의 어휘 고찰」, 『한국언어문학』25, 한국언어문화학회, 1987.

여찬영, 「우리말 물고기 명칭어 연구」, 『한국전통문화연구』9집, 효성여자대학교 한국전통문화연구소. 1994

여찬영. 「우리말 조류 명칭어 연구」, 『어문학』57집, 한국어문학회, 1996.

여찬영. 「어류 명칭어 한자 훈의 연구」, 『어문학』65집, 한국어문학회, 1998.

여찬영. 「조류 명칭어 자석의 분석적 연구」, 『어문학』67집, 한국어문학회, 1999.

여찬영, 「식물 명칭어 연구」, 『한국전통문화연구』7집, 효성여자대학교 한국전통문화연구소, 1991.

여찬영, 「우리말 패류명칭어 연구」, 『한국학논집』22집, 계명대학교 한국학연구원, 1995.

이승녕, 「魚名雜考」, 『진단학보』2, 진단학회, 1935.

이승녕, 「이조초기 어류에 관한 어휘론적 고찰」, 『학술원논문집』23, 학술원, 1984.

장태진, 「물고기 이름의 어휘 연구」, 『한글』143, 한글학회, 1969.

전광현, 「물명류고의 이본과 국어학적 특징에 대한 관견」, 『새국어생활』제
　　10권 제3호, 국립국어연구원, 2000.

정문기, 「명태의 이름과 어원」, 『한글』4권 6호, 조선어학회, 1936.

한미경, 「조선시대 물고기관계문헌에 대한 연구」, 『서지학연구』제44권, 한
　　국서지학회, 2009.

4. 단행본

4-1 국내

강제원, 『한국동식물도감 식물편(해조류)』, 삼화출판사, 1968.

강헌규·신용호, 『한국인의 字와 號』, 계명문화사 1993.

강헌규, 『국어어원학통사』, 이회문화사, 2003.

강헌규, 『한국어 어원 연구사』, 集文堂. (2000)

고신숙 외, 『우리나라에서의 어휘정리』, 사회과학출판사, 1986.

국립국어원, 『단어별 어원 정보』, 휴먼컬처아리랑, 2015.

국립수산과학원, 『스토리텔링이 있는 수산물 이야기』, 농림수산식품부,
　　2010.

김광해, 『어휘 연구의 실제와 응용』, 집문당, 1995.

김공칠, 『방언학』, 신아사, 1988.

김명년 역, 『전어지』, 한국어촌어항협회, 2007.

김무림, 『한국어 어원 사전』, 지식과 교양, 2012.

김무상, 『어류의 생태』, 아카데미서적, 2003.

김민수, 『우리말 어원사전』, 태학사, 1997.

김수희, 『근대의 멸치, 제국의 멸치』, 아카넷, 2019.

김익수·강언종, 『원색한국어류도감』, 아카데미서적 1993.

김익수·박종영, 『원색도감: 한국의 민물고기』, 교학사, 2002.

김홍석, 『우해이어보와 자산어보 연구』, 한국문화사, 2008.

김홍석, 『형태소와 차자표기』, 역락, 2006.

김형규, 『한국 방언 연구』, 서울대학교출판부, 1986.

나익주 외 역, 『인지언어학이란 무엇인가』, 한국문화사, 1997.

남광우, 『(補正)고어사전』, 일조각, 1971.

남영신, 『우리말분류대사전』, 성안당, 1994.

리득춘, 『조선어 어휘사』, 연변대출판부, 1987.

명정구, 『어류도감』, 다락원, 2002.

명정구, 『우리바다 어류도감』, 예조원, 2016.

박병철, 『한국어 훈석 어휘 연구』, 이회, 1997.

박수현, 『19세기 초 담정은 무엇을 보았나?』, 미디어줌, 2019.

박용수, 『겨레말갈래큰사전』, 서울대출판부, 1993.

박준원 역, 『牛海異魚譜』, 다운샘, 2004.

유재명, 『물고기 백과』, 행림출판, 1996.

유희 편, 『물명고』, 소명출판, 1824.

이기갑 외, 『전남방언사전』, 태학사, 1998.

이두순, 『평역 난호어명고』, 블루앤노트, 2015.

임소영, 『한국어 식물 이름의 연구』, 한국문화사, 1997.

임원경제연구소 옮김, 『전어지2』, 풍석문화재단 , 2021.

정문기 역, 『자산어보』, 지식산업사, 1997.

정문기, 『어류박물지』, 일지사, 1974.

정문기, 『한국어도보』, 일지사, 1977.

정양완·홍윤표·심경호·김건곤, 『조선후기 한자 어휘 검색사전』, 한국정신
    문화연구원. 1997.

정해렴 역주, 『아언각비·이담속찬』, 현실총서33, 현대실천사, 2005.

조항범, 『동물 명칭의 어휘사』『국어 어휘의 기반과 역사』, 태학사, 1998.

최기철, 『우리가 정말 알아야 할 우리 민물고기 백 가지』, 현암사, 1994

최기철, 『민물고기를 찾아서』, 한길사, 1991.

최영애, 『중국 사전의 사적 고찰』, 탑출판사, 1988.

최윤등, 『한국의 바닷물고기』, 교학사, 2002.

최창렬, 『우리말 어원 연구』, 일지사, 1986.

최학근, 『한국방언사전』, 현문사, 1978.

최헌섭·박태성, 『최초의 물고기 이야기』, 지앤유, 2017.

한진건, 『한조동물명칭사전』, 료녕인민출판사, 1982.

황선도, 『멸치머리엔 블랙박스가 있다』, 부키 2013.

황선도, 『우리가 사랑한 비린내』, 서해문집. 2017.

4-2 국외

班　固, 『前漢書』, 中華書局, 1997.

東方朔, 『神異經』文淵閣四庫全書電子版, 上海人民出版社, 1999.

範蔚宗, 『後漢書』, 中華書局, 1997.

郭　璞 註, 『山海經』文淵閣四庫全書電子版, 上海人民出版社, 1999.

胡世安, 『異魚圖贊箋』文淵閣四庫全書電子版, 上海人民出版社, 1999.

李思忠 等, 『中國動物志: 硬骨魚綱』, 科學出版社, 2011.

李　善, 『文選』文淵閣四庫全書電子版, 上海人民出版社, 1999.

李時珍, 『本草綱目』, 人民衛生出版社, 1995.

李　昉, 『太平禦覽』文淵閣四庫全書電子版, 上海人民出版社, 1999.

劉明玉 等, 『中國脊椎動物大全』, 遼寧大學出版社, 2000.

潘自牧, 『記纂淵海』文淵閣四庫全書電子版, 上海人民出版社, 1999.

羅願·洪炎祖, 『爾雅翼』文淵閣四庫全書電子版, 上海人民出版社, 1999.

司馬光, 『類篇』文淵閣四庫全書電子版, 上海人民出版社, 1999.

蘇永全 等, 『台灣海峽常見魚類圖譜』, 度門大學出版社, 2011.

王　嘉, 『拾遺記』文淵閣四庫全書電子版, 上海人民出版社, 1999.

伍獻文,『中國鯉科魚類志』, 上海科學技術出版社, 1982.

許　愼,『說文解字』文淵閣四庫全書電子版, 上海人民出版社, 1999.

許愼·段玉裁 注,『說文解字注』, 上海古籍出版社, 1998.

楊聖雲 等,『中國福建南部海洋魚類圖鑒』, 海洋出版社, 2013.

張　掛,『廣雅』文淵閣四庫全書電子版, 上海人民出版社 1999.

張　華,『博物志』文淵閣四庫全書電子版, 上海人民出版社, 1999.

昭明太子,『文選註』文淵閣四庫全書電子版, 上海人民出版社, 1999.

鄭　玄·孔穎達,『禮記正義』, 北京大學校出版社, 2000.

鄭　玄·賈公彦,『周禮注疏』, 北京大學校出版社, 2000.

朱立春,『超級彩圖館: 全世界300種魚的彩色圖鑒』, 中國華僑出版社, 2013.

5. 기타

국립국어연구원 표준국어대사전(https://search.naver.com)

국립수산과학원, 해양생물다양성정보시스템(http://nl.go.kr/nl/search)

국사편찬위원회(http://sjw.history.go.kr)

바이두(www.baidu.com)

두산백과사전(www.doopedia.co.kr)

서울대학교 규장각한국학연구원(https://kyu.snu.ac.kr)

일본 어원유래사전(https://gogen-yurai.jp)

일본 위키백과사전(https://ja.wikipedia.org/wiki)

한국고전종합DB(db.jtkc.or.kr)

한국민족문화대백과사전(http://encykorea.aks.ac.k)

한국학중앙연구원 한국역대인물 종합정보시스템(people.aks.ac.kr)

한전(漢典)(https://www.zdic.net)

雜学ネタ帳(https://zatsuneta.com)

저자 **곽현숙**

경남 마산 출생. 경남대학교 문과대학 중어중문학과 졸업. 부산대학교 중어중문학과 문자학 전공 문학석사. 중국 상해 화동사범대학교 문자학 전공 문학박사. 현 경성대학교 한국한자연구소 HK연구교수. 저역서로는 『한국 근대 한자자전 연구』, (표점교감전자판)『자류주석』, 『한선문신옥편』(상·하), 『회중일선자전』, 『실용선화대사전』, 『유래를 품은 한자-인생역정과 신앙』 등이 있고, 논문으로는 「Study on Pufferfish Designation」, 「명태의 이명(異名) 고찰」, 「『자류주석』 어별류에 나타나는 어휘장 연구」, 「동아시아의 담배 명칭 고찰」 외 다수가 있다.

경성대학교 한국한자연구소 학술총서 2

물고기 이름의 문화사

초판1쇄 인쇄 2022년 4월 15일
초판1쇄 발행 2022년 4월 29일

지은이   곽현숙
펴낸이   이대현
편집   이태곤 권분옥 문선희 임애정 강윤경
디자인   안혜진 최선주 이경진
마케팅   박태훈 안현진

펴낸곳   도서출판 역락
출판등록   1999년 4월 19일 제303-2002-000014호
주소   서울시 서초구 동광로 46길 6-6 문창빌딩 2층 (우06589)
전화   02-3409-2060
팩스   02-3409-2059
홈페이지   www.youkrackbooks.com
이메일   youkrack@hanmail.net

ISBN   979-11-6742-318-4 94700
           979-11-6244-680-5 94080(세트)